WILLIAM SHAKESPEAR

Inglaterra 1564 - 1616

Enrique IV

Tecnibook Ediciones

Enrique IV: Primera parte, Personajes

PERSONAJES

REY ENRIQUE IV.

ENRIQUE, Príncipe de Gales. Hijo del Rey.

PRÍNCIPE JUAN DE LANCASTER. Hijo del Rey.

CONDE DE WESTMORELAND. Amigo del Rey.

SIR WALTER BLUNT. Amigo del Rey.

TOMÁS PERCY, Conde de Worcester.

ENRIQUE PERCY, Conde de Northumberland.

ENRIQUE PERCY, llamado Hotspur, su hijo.

EDMUNDO MORTINER, Conde de March.

SCROOP, Arzobispo de York

SIR MICHAEL, amigo del Arzobispo.

ARCHIBALDO, Conde de Douglas.

OWEN GLENDOWER.

SIR RICARDO VERNON.

SIR JOHN FALSTAFF.

POINS.

GADSHILL.

BARDOLFO.

LADY PERCY, Mujer de Hotspur y hermana de Mortimer.

LADY MORTIMER, hija de Glendowery mujer de Mortimer.

MISTRESS QUICKLY, posadera de una taberna en Eastcheap.

(Lores y oficiales, un sheriff, un tabernero, un gentil hombre de cámara, mozos de posada, dos carreteros, viajeros y gente de servicio.)

ESCENA: INGLATERRA

Enrique IV: Primera parte, Acto I, Escena I

ACTO 1

ESCENA 1

LONDRES.- Una sala en el Palacio Real.

(Entran el rey Enrique, Westmoreland, sir Walter Blunt y otros.)

REY ENRIQUE.- Estremecidos, pálidos aun de inquietud, permitamos respirar un instante a la paz aterrada y en breves palabras dejad que os anuncie nuevas luchas que van a emprenderse en lejanas orillas. No más la sedienta Erynne de esta tierra empapará sus labios en la sangre de sus propios hijos; ni la dura guerra atravesará sus campos con fosas y trincheras, ni hollará sus flores bajo los férreos cascos de las cargas enemigas. Esas miradas hostiles que, semejantes a los meteoros de un cielo turbado, todos de una misma naturaleza, todos creados de idéntica substancia, se chocaban hace poco en la contienda intestina y en el encuentro furioso de la hecatombe fratricida, en adelante armoniosamente unidas, se dirigirán a un mismo objetivo y cesarán de ser adversas al pariente, al amigo y al aliado. El acero de la guerra no herirá más, como cuchillo mal envainado, la mano de su dueño. Ahora, amigos, lejos, hasta al sepulcro de Cristo, (cuyo soldado somos ya, juramentados a luchar bajo su cruz bendita) queremos llevar los guerreros de Inglaterra, cuyos brazos se formaron en el seno maternal para arrojar a esos paganos de las llanuras sagradas que pisaron los pies divinos, clavados, hace catorce siglos, para nuestra redención, en la amarga Cruz. Esta resolución tomada fue hace un año y es inútil hablaros de ella; iremos. Pero no nos hemos reunido para discutirla; vos, gentil primo Westmoreland, decidnos lo que ha resuelto ayer noche nuestro consejo respecto a esa expedición querida.

WESTMORELAND.- Mi Señor, la cuestión se había examinado con calor y varios estados de gastos se habían fijado anoche, cuando, inesperadamente, llegó un mensajero del país de Gales, trayendo graves noticias; la peor de todas es que el noble Mortiner, que conducía las tropas del Herefordshire contra el insurrecto, el salvaje Glendower, ha sido hecho prisionero por las rudas manos de ese galense y mil de sus hombres han perecido; sus cadáveres con tan vergonzoso y tan bestial furor han sido mutilados por las mujeres galenses, que no podría sin sonrojo repetirlo o hablar de ello.

REY ENRIQUE.- Esta noticia de guerra, según parece, ha suspendido nuestros preparativos sobra Tierra Santa.

WESTMORELAND.- Esa y otras, gracioso Señor, porque otras nuevas adversas o infaustas llegan del Norte. He aquí lo que refieren: el día de la Santa Cruz, el valiente Hotspur, el joven Enrique Percy y el bravo Archibaldo, ese escocés de reconocido valor, han tenido un encuentro en Holmedon; el combate ha debido ser recio y sangriento, a juzgar por el estruendo de la artillería; así lo cree el mensajero que montó a caballo en lo mas ardiente de la pelea, incierta aun la victoria.

REY ENRIQUE.- He aquí un amigo querido y experto, Sir Walter Blunt, que recién baja del caballo, cubierto aun con el polvo recogido en el camino de Holmedon a aquí; nos ha traído agradables y bienvenidas noticias; el conde de Douglas ha sido derrotado; diez mil hombres escoceses y veinte y dos caballeros, bañados en su propia sangre, vio Sir Walter en los llanos de Holmedon. Como prisioneros, Hotspur ha tomado a Mordake, conde de Fife, primogénito del vencido Douglas y a los condes de Athol, de Murray, Angus y Mentheith. ¿No es este un glorioso botín, una gallarda presa, primo?

WESTMORELAND.- En verdad, conquista es capaz de enorgullecer a un príncipe.

REY ENRIQUE.- Si y me entristece y me siento lleno de envidia hacia Northumberland, padre de ese hijo bendecido; un hijo que es tema de honor de la alabanza, árbol selecto de la selva, favorito de la fortuna y de ella querido; mientras que yo, testigo de su gloria, veo el vicio y la deshonra empañar la frente de mi joven Enrique. ¡Oh, si se pudiese probar que alguna hada vagarosa de la noche cambió nuestros hijos en la cuna y ha llamado al mío, Percy y al suyo, Plantagenet! Entonces tendría yo su Enrique y él el mío,... Pero no quiero pensar en él. ¿Qué opináis, primo, de la altanería de ese joven Percy? Pretende reservar para sí los prisioneros que ha sorprendido en esta aventura y me comunica que solo me enviará uno, Mordake, conde de Fife.

WESTMORELAND.- Esa es la lección de su tío, eso viene de Worcester, siempre contrario a Vos en toda ocasión, que lo excita a ensoberbecerse, a levantar su cresta juvenil contra vuestra dignidad.

REY ENRIQUE.- Pero le he llamado para que me de satisfacción; por esta causa nos vemos obligados a suspender nuestros santos propósitos sobre Jerusalén. Primo, el miércoles próximo nuestro Consejo se reunirá en Windsor; avisad a los lores, porque hay que decir y hacer más que lo que la cólera me permite ahora explicar.

WESTMORELAND.- Lo haré, Señor.

pt:Enrique IV: Primeira parte, Ato I, Cena I

Enrique IV: Primera parte, Acto I, Escena II

ACTO I

ESCENA II

LONDRES.- Otra sala, del Palacio Real.

(Entran Enrique Príncipe de Gales y Falstaff.)

FALSTAFF.- A ver, Hal, ¿qué hora es, chico?

ENRIQUE.- Te has embrutecido de tal manera, bebiendo vino añejo, desabrochándote después de cenar y durmiendo sobre los bancos desde mediodía, que te has olvidado hasta de preguntar lo que quieres realmente saber. ¿Qué diablos tienes tu que hacer con la hora del día? A menos que las horas fueran jarros de vino, los minutos pavos rellenos y los relojes lenguas de alcahuetas, los cuadrantes enseñas de burdeles y el mismo bendito sol una cálida ramera vestida de tafetán rojo, no veo la razón para que hagas preguntas tan superfluas como la de la hora que es.

FALSTAFF.- Bien, Hal, lo has acertado; porque nosotros, los tomadores de bolsas, vamos a favor de la luna, y los siete astros y no bajo *Febo, el espléndido caballero errante*; por lo que te ruego, mi suave burlón, que, cuando seas rey Dios salve tu gracia..., no, Majestad, quiero decir, porque lo que es gracia, no tendrás ninguna.

ENRIQUE.- ¡Cómo! ¿Ninguna?

FALSTAFF.- No, por mi fe, ni aun aquella que basta como prólogo a un huevo con manteca.

ENRIQUE.- Bien, al hecho, al hecho.

FALSTAFF.- Allá voy, o suave burlón; digo que, cuando seas rey, no permitas que nosotros, los guardias de corps de la noche, seamos llamados ladrones de la belleza del día; que se nos llame los guardabosques de Diana, caballeros de la sombra, favoritos de la luna;- y que se diga que somos gente de buen gobierno, siendo gobernados como el mar, por nuestra noble y casta señora la Luna, bajo cuyos auspicios... adquirimos.

ENRIQUE.- Dices bien y hablas verdad; porque la fortuna de nosotros, los hombres de la luna, tiene, como el mar, flujo y reflujo, estando, como éste, gobernada por la luna. Y he aquí la prueba: una bolsa de oro muy resueltamente robada el lunes por la noche y muy disolutamente gastada el martes por la mañana. Se la gana vociferando: ¡la bolsa o la vida! y se gasta gritando: ¡traer vino! Hoy es marea baja, como el pie de la escala; mañana será alta, como la cumbre de la horca.

FALSTAFF.- Pardiez, dices la verdad, chico. Dime, ¿no es cierto que mi hostelera de la taberna es una hembra espléndida?

ENRIQUE.- Dulce como la miel del Hibla, ¡oh! mi viejo castellano y ¿no es cierto también que un coleto de búfalo viste espléndidamente a un polizonte?

FALSTAFF.- Pero, rematado burlón, ¿qué significan tus pullas y sarcasmos? ¿Qué diablo tengo yo que hacer con ese coleto de búfalo?

ENRIQUE.- ¿Y qué diablo tengo yo que hacer con la hostelera de la taberna?

FALSTAFF.- ¿No la has hecho venir a menudo para pagarle la cuenta?

ENRIQUE.- ¡Te he llamado acaso para reclamarte tu parte?

FALSTAFF.- No, te hago justicia; siempre pagaste todo.

ENRIQUE.- Sí, aquí y fuera de aquí, mientras mis fondos me lo permitían y luego usando del crédito.

FALSTAFF.- Si y tanto has usado, que si no se *presumiese* que eres el heredero *presuntivo*.

Pero dime, ¡oh! suave burlador, ¿habrá horcas en pie en Inglaterra cuando tu seas rey? ¿Y la noble energía será aun defraudada por el mohoso freno de la ley, esa vieja antigualla? Cuando seas rey, no hagas colgar al ladrón, ¡te lo ruego!

ENRIQUE.- No, tú lo harás.

FALSTAFF.- ¿Yo? ¡Perfectamente! Pardiez, seré un juez de primer orden.

ENRIQUE.- ¿Ves? Ya tienes el juicio falso; quiero decir que te encargarás de ahorcar a los ladrones, y así, en breve, serás un verdugo excelente.

FALSTAFF.- Bueno, Hal, bueno; hasta cierto punto, ese oficio me conviene tanto como el de cortesano, te lo aseguro.

ENRIQUE.- ¿Para obtener favores?

FALSTAFF.- Sí, para obtener... vestidos, porque el verdugo, como sabes, no tiene desprovisto el guarda-ropa... ¡Ay de mí! Estoy melancólico como un gato escaldado o un oso con la hociquera.

ENRIQUE.- O como un león decrépito o un laúd de enamorado.

FALSTAFF.- Sí, o como el roncón de una gaita del Lincolnshire.

ENRIQUE.- O si quieres, como una liebre o como el lúgubre charco de Moorditch.

FALSTAFF.- Siempre me endilgas los símiles más ingratos y eres, a la verdad, el más comparativo, el más belitre dulce principillo. Pero, caro Hal, no me fastidies más con esas futilezas. Lo que yo quisiera sería rogar a Dios me indicara donde se puede cómodamente hacer provisión de buena fama. Un viejo lord del consejo me ha sermoneado el otro día en la calle a vuestro respecto, señor mío, pero no le hice atención; y hablaba muy sensatamente, pero no le escuché. ¡Y hablaba muy sensatamente, te lo aseguro y en medio de la calle!

ENRIQUE.- Hiciste bien; «porque la sabiduría grita por las calles y nadie la oye.»

FALSTAFF.- ¡Mal haya tu cita condenada! ¡Eres capaz de hacer pecar un Santo! Me has corrompido mucho, Enriquillo: ¡Dios te lo perdone! Antes de conocerte, todo lo ignoraba y ahora valgo, si el hombre debe decir verdad, poco más que cualquier pecador. Necesito cambiar de vida y cambiaré; por el Señor, si no lo hago, soy un bellaco. No quiero condenarme por todos los hijos de rey de la cristiandad.

ENRIQUE.- ¿Dónde robaremos una bolsa mañana, Jack?

FALSTAFF.- Donde quieras, chico; soy de la partida y si no lo hago, llámame bellaco y confúndeme.

ENRIQUE.- Veo que te enmiendas; de penitente te conviertes en salteador.

(Entra Poins y se detiene en el fondo de la escena.)

FALSTAFF.- Que quieres, Hal, esa es mi vocación. No hay pecado en el hombre que trabaja según su vocación. ¡Hola, Poins! Ahora sabremos si Gadshill tiene alguna red tendida. ¡Oh! si los hombres solo se salvaran por sus méritos, ¿qué agujero del infierno será bastante caliente para él? Es el más omnipotente de los truhanes que haya gritado: ¡alto ahí! a un hombre de bien.

ENRIQUE.- Buen día, Ned.

POINS.- Buen día, caro Hal. ¿Que está diciendo Don Remordimiento? ¿Que dice Sir John Sangría? Como te has arreglado con el diablo, Jack, apropósito de tu alma, ¿que le vendiste el último Viernes Santo, por un jarro de Madera y una pierna de carnero frío?

ENRIQUE.- Sir John mantendrá su palabra y el diablo tendrá su ganga; porque Jack jamás hizo mentir un proverbio y dará al diablo lo que es suyo.

POINS.- Entonces te condenarás por mantener tu palabra con el diablo.

ENRIQUE.- De otro modo se condenaría por haberle defraudado.

POINS.- Bueno, bueno, muchachos: mañana temprano, a las cuatro, a Gadshill. Hay allí peregrillos que se dirigen a Canterbury con ricas ofrendas y comerciantes que van a Londres con las bolsas repletas. Tengo yo máscaras para todos vosotros; tenéis caballos; Gadshill duerme esta noche en Rochester y para mañana a la noche he encargado ya la cena en Eastcheap. Podemos dar el golpe tan seguros como en nuestras camas. Si queréis venir os llenará la bolsa de escudos; sino, quedaos en casa y que os ahorquen.

FALSTAFF.- Oye, Eduardito; si me quedo en casa y no voy, os haré ahorcar porque vais.

POINS.- ¿Serás capaz, chuleta?

FALSTAFF.- ¿Copas, Hal?

ENRIQUE.- ¿Yo ladrón? ¿Yo salteador? No, por mi fe.

FALSTAFF.- No hay en ti un átomo de honestidad, energía y compañerismo, ni tienes una gota de sangre real en las venas, si por diez chelines no emprendes campaña.

ENRIQUE.- En fin, por una vez en la vida, hará esa locura.

FALSTAFF.- ¡Eso es hablar!

ENRIQUE.- Sí, suceda lo que suceda, me quedo, en casa.

FALSTAFF.- Vive Dios que, cuando seas rey, ¡me sublevo!

ENRIQUE.- ¡Para lo que me importa!

POINS.- Te ruego, Sir John, que nos dejes solos un momento al príncipe y a mí; voy a hacerle tales argumentos, que estoy seguro que irá.

FALSTAFF.- Bien; puedas tu tener el espíritu de persuasión y él el oído que aprovecha que lo que le hables le convenza y lo que oiga lo crea, hasta convertir, por pasatiempo, a un príncipe en bandolero, ya que los pobres abusos de nuestra época ¡necesitan protección! Hasta luego; nos veremos en Eastcheap.

ENRIQUE.- ¡Adiós, primavera desvanecida! ¡Adiós, veranillo de San Juan!

(Sale Falstaff)

POINS.- Ahora, mi caro y dulce príncipe, venios con nosotros mañana. Tengo preparada una broma, que no puedo llevar a cabo solo. Falstaff, Bardolph, Peto y Gadshill, desvalijarán a la gente que tenemos vigilada; y vos y yo estaremos allí, y si cuando ellos tengan la presa, no se las robamos a nuestro turno, separadme la cabeza del tronco.

ENRIQUE.- ¿Pero cómo nos separamos de ellos en el camino?

POINS.- Muy sencillamente; nos ponemos en marcha antes o después que ellos y les damos un lugar de cita, a la que faltamos si nos place; querrán entonces dar el golpe solos y nosotros, apenas hayan concluido, les caemos encima.

ENRIQUE.- Sí, pero es muy probable que nos conozcan por nuestros caballos, nuestros trajes o cualquier otro indicio.

POINS.- ¡Bah! no verán nuestros caballos, porque los ocultará en el bosque; cambiaremos de caretas así que nos separemos y luego, amigo, tengo unas capas de goma para cubrir nuestros vestidos que conocen.

ENRIQUE.- Y yendo por lana, ¿no saldremos esquilados?

POINS.- En cuanto a dos de ellos, me consta son los dos mayores cobardes que hayan vuelto la cara; en cuanto al tercero, si combate más de lo que juzga razonable, abjuro el oficio de las armas. La sal de la broma estará en las inenarrables embrollas que nos contará este obeso bribón cuando nos reunamos para cenar: de cómo se habrá batido con treinta a lo menos; cuántas guardias, cuántas paradas hizo, en qué peligro se encontró. En el desmentido va a ser lo bueno.

ENRIQUE.- Bien, iré contigo; prepara todo lo necesario y vete a buscarme esta noche a Eastcheap; allí cenaré. Adiós.

POINS.- Adiós, señor.

ENRIQUE.- Os conozco bien a todos y quiero, por un tiempo aun, prestarme a vuestro humor desenfrenado. Quiero imitar al sol, que permite a las nubes ínfimas o impuras, que oculten al mundo su belleza, hasta que le plazca volver a su brillo soberano, reapareciendo al disipar las brumas sombrías y los vapores que parecían ahogarle, para ser más admirado. Si todo el año fuera fiesta, el placer sería tan fastidioso como el trabajo; pero viniendo aquellas rara vez, son más deseadas y se esperan como un acontecimiento. Así, cuando abandone esta torpe vida y pague una deuda que no contraje y ultrapase lo que prometía, el asombro de los hombres será mayor. Y, semejante a un metal que brilla en la obscuridad, mi reforma, resplandeciendo sobre mis faltas, atraerá más las miradas, que una virtud que nada hace resaltar. Quiero acumular faltas, para hacer de ellas un mérito al surgir puro, cuando los hombres menos lo esperen.

(Sale)

Enrique IV: Primera parte, Acto I, Escena III

ACTO I
ESCENA III

Otra Sala del Palacio Real.

(Entran el rey Enrique, Northumberland, Worcester, Hotspur, Sir Walter Blunt y otros.)

REY ENRIQUE.- Hasta ahora, tantas iniquidades no han conseguido agitar mi fría y tranquila sangre; lo habéis notado y es por eso sin duda que abusáis de mi paciencia. Pero estad seguros que en adelante recordaré quien soy y me mostraré poderoso y temible y no untuoso como aceite y suave como fina lana, lo que me ha hecho perder el respeto que las almas altivas solo tienen por las altivas.

WORCESTER.- Nuestra casa, soberano señor, no ha merecido que el poder descargue sus golpes sobre ella; de ese mismo poder que sus propias manos contribuyeron a fortalecer.

NORTHUMBERLAND.- Mi señor...

EL REY.- Worcester, vete, porque adivino en tus ojos la amenaza y la desobediencia. Vuestra actitud es por demás atrevida y perentoria y la majestad real no debe soportar el enfadado entrecejo de un vasallo; tenéis permiso para retiraros; cuando nos sean necesarios vuestros servicios o vuestros consejos, os haremos venir.

(Sale Worcester)

Estabais a punto de hablar... (A Northumberland)

NORTHUMBERLAND.- Sí, mi buen señor. Esos prisioneros pedidos en nombre de Vuestra Alteza, que tomó en Holmedon Enrique Percy, aquí presente, no se han rehusado a Vuestra Majestad tan formalmente como se dice. Debe atribuirse esa falta a la envidia o a algún error, no a mi hijo.

HOTSPUR.- Mi señor, yo no he rehusado entregar los prisioneros. Pero recuerdo que cuando terminó el combate y me encontraba sediento por el furor de la lucha y la extrema fatiga, fuera de aliento y desfalleciente, apoyado sobre mi espada, llegó allí cierto lord, muy limpio, muy primorosamente vestido, fresco como un novio, la barba muy afeitada y rasa como un campo después de la siega. Estaba perfumado como un mercader de modas y entre el índice y el pulgar tenía un bote de perfumes que ora aproximaba, ora alejaba de su nariz que al fin, irritada, rompió a estornudar. Y sonreía siempre y charlaba; como los soldados pasaban trayendo los muertos, les llamó groseros, mal educados, cochinos, por atreverse a llevar un sucio y feo cadáver entre el viento y su Señoría. En términos galantes y afeminados me interrogó, pidiéndome entre otras cosas, los prisioneros en nombre de Vuestra Majestad. Fue entonces que yo, sufriendo de mis heridas que se habían enfriado y ya harto del petimetre, fuera de mí de impaciencia, no sé que le contesté, que se los daría o no... Porque me traía loco verle, tan peripuesto y tan perfumado, hablando como una dama de guardia (Dios le perdone!) de cañones, de tambores y de heridas y diciéndome que no había nada en el mundo como el espermaceti para las lesiones internas y que era una gran lástima que ese pícaro de salitre hubiera sido arrancado de las entrañas de la tierra, para destruir tan cobardemente tantos hombres bellos y animosos; que, a no haber existido esos viles cañones, él mismo habría sido soldado. A esa charla insulsa y descosida contestó vagamente, como os he dicho, Señor: os ruego que no permitáis que el relato de ese hombre, llegue hasta una acusación, entre mi afecto y Vuestra Majestad.

BLUNT.- Si se consideran las circunstancias, mi buen Señor, lo que haya dicho Harry Percy a semejante persona, en semejante sitio y en tal ocasión, puede, junto con la relación que de ello se ha hecho, ser relegado a un justo olvido, del que no debe salir jamás, porque lo que entonces dijo, lo desdice ahora.

EL REY.- El hecho es que nos rehusa los prisioneros sin la condición expresa de que rescatemos por nuestra cuenta a su cuñado, el imbécil Mortimer, quien, por mi alma, ha sacrificado voluntariamente las vidas de los que guiaba a combatir contra el gran mago, el condenado Glendower, con cuya hija, según hemos oído, acaba de casarse. ¿Debemos vaciar nuestros cofres para redimir un traidor? ¿Debemos comprar la traición y transigir con vasallos que se han perdido y arruinado ellos mismos? No, que se muera de hambre en esas montañas estériles! ¡Jamás consideraré amigo al hombre que abra la boca para pedirme un penique para el rescate del rebelde Mortimer!

HOTSPUR.- ¡Rebelde, Mortimer! Si fue vencido, mi soberano, fue solo por el azar de la guerra. Para probarlo, bastaría hacer hablar una de sus heridas, de esas heridas abiertas, valientemente recibidas, cuando en la verde orilla del gentil Saverna, en singular combate, frente a frente, luchó más de una hora contra el fuerte Glendower. Tres veces descansaron y tres veces, de común acuerdo, bajaron a aplacar la sed en las frescas aguas del Saverna, el que, espantado de su aspecto sangriento, corría azorado entre los trémulos juncos, ocultando su rizada cabeza en el fondo del lecho, ensangrentado por los valerosos combatientes. Jamás una baja o inmunda superchería hubiera coloreado su obra con tales heridas de muerte, ni jamás el noble Mortimer las habría recibido voluntariamente. ¡Que no se le trate, pues, de rebelde!

EL REY.- Mientes por él, Percy, mientes por él; jamás combatió contra Glendower. Te lo aseguro: tanto se habría atrevido a encontrarse frente a frente con el diablo que con Glendower. ¿No te avergüenzas? Pero, pardiez, que en adelante no te oiga más hablar de Mortimer. Remíteme los prisioneros en el acto o tendrás noticias mías poco agradables. Podéis partir con vuestro hijo, mi lord Northumberland. Enviadme los prisioneros u oiréis hablar de mí.

(Salen el Rey, Blunt y la comitiva)

HOTSPUR.- Aun cuando el diablo mismo viniera a pedírmelos rugiendo, no se los enviaré; voy a correr tras él y a decírselo, quiero descargar mi alma, aun a riesgo de mi cabeza.

NORTHUMBERLAND.- ¿Así te embriaga la ira? Detente un momento; viene aquí tu tío.

(Worcester vuelve)

HOTSPUR.- ¡Que no hable más de Mortimer! ¡Vive Dios! Quiero hablar de él; que mi alma se condene si no me reúno con él. Quiero, por su causa, agotar mis venas y derramar gota a gota mi sangre querida hasta levantarlo tan alto como a este rey desagradecido, ¡a este ingrato y vil Bolingbroke!

NORTHUMBERLAND.- (A Worcester) Hermano, el rey ha enloquecido a vuestro sobrino.

WORCESTER.- ¿Qué es lo que tanto le ha irritado durante mi ausencia?

HOTSPUR.- Quiere, pardiez, que le de todos mis prisioneros y cuando le insté una vez más por el rescate del hermano de mi mujer, sus mejillas palidecieron y me dirigió una mirada mortal, estremeciéndose al solo nombre de Mortimer.

WORCESTER.- No puedo censurarlo; ¿no fue Mortimer proclamado por el difunto rey Ricardo, el más próximo entre los príncipes de sangre real?

NORTHUMBERLAND.- Lo fue; yo mismo oí la proclamación, que tuvo lugar cuando el infortunado rey (Dios nos perdone el mal que le hicimos) partió para la expedición de Irlanda, de la que volvió bruscamente para ser depuesto y, en breve, asesinado.

WORCESTER.- Muerte por la que la opinión del mundo entero nos cubre de infamia.

HOTSPUR.- Pero vamos despacio, os lo ruego: quiere decir que el rey Ricardo proclamó a mi hermano Edmundo Mortimer heredero de la corona?

NORTHUMBERLAND.- Lo hizo y yo mismo lo oí.

HOTSPUR.- A fe mía que no puedo entonces censurar que su primo el rey desee que se muera de hambre entre las áridas montañas. Pero vosotros, que colocasteis la corona sobre la cabeza de este hombre sin memoria y que, por él, estáis manchados con la odiosa complicidad de un asesinato, vosotros, ¿querréis arrostrar un mundo de maldiciones, ser sus agentes, sus secuaces secundarios, las cuerdas, la escala, el verdugo mismo que emplea? ¡Oh! perdonadme si tanto rebajo, para mostraros la situación, el rango a que descendéis sirviendo a ese rey desleal. ¡Oh vergüenza! Se dirá en nuestros días, se escribirá en las crónicas futuras, que hombres de vuestra nobleza y poderío se comprometieron en una injusta causa, como ambos lo hicisteis (¡Dios os lo perdone!), para derribar a Ricardo, esa suave rosa gentil, para poner en su lugar a esta espina áspera y enconada de Bolingbroke. ¿Y se dirá, para mayor vergüenza aun, que fuisteis befados, repelidos, apartados, por el mismo en cuyo obsequio arrostrasteis tanta infamia? No; aun es tiempo de recuperar vuestro honor perdido y de levantaros nuevamente en la opinión del mundo. Vengaos de las burlas y desprecio de este altivo rey que solo piensa noche y día en pagaros la deuda con vosotros contraída, con el precio sangriento de vuestra muerte. Digo, pues...

WORCESTER.- Basta, sobrino, no digáis más. Ahora voy a abriros un libro secreto y leer a vuestro descontento, rápido en comprender, un propósito profundo y arriesgado, lleno de peligros, para cumplir el cual se necesita tanta audacia como para atravesar un torrente que ruge, sobre el asta vacilante de una lanza.

HOTSPUR.- Si caemos en él, buenas noches; o ahogarse o nadar. Que se desencadene el Peligro de levante al ocaso, si el Honor marcha a su encuentro del Sud al Norte y dejadlos frente a frente. La sangre circula más vigorosa cuando se asecha un león que cuando se levanta una liebre.

NORTHUMBERLAND.- La idea de una gran hazaña le arroja fuera de los límites de la paciencia.

HOTSPUR.- ¡Por el cielo! Creo sería fácil dar un salto hasta la pálida faz de la luna para arrancar de allí el refulgente Honor o bajar hasta lo más hondo del abismo, a profundidades que no alcanzó la sonda, para retirar de los cabellos la Gloria allí enterrada, si sobre el que tal hace recayera, sólo y sin rival, todo el brillo de su acción. ¡No quiero medallas de doble cara!

WORCESTER.- Helo ahí vagando en un mundo de quimeras, sin prestar atención a aquello que la reclama. Buen sobrino, prestadme un momento de atención.

HOTSPUR.- Os ruego me excuséis.

WORCESTER.- Esos mismos nobles Escoceses, que son vuestros prisioneros...

HOTSPUR.- Me quedaré con todos. ¡Vive el cielo! que no tendrá uno solo de esos escoceses. Si uno sólo de ellos bastara para salvar su alma, no lo tendrá; me quedaré con todos, ¡por mi brazo!

WORCESTER.- Os arrebatáis y no prestáis oído a mis palabras. Guardareis esos prisioneros.

HOTSPUR. - Ciertamente que lo haré, eso es claro. Dice que no quiere rescatar a Mortimer; me ha prohibido hablar de Mortimer; pero irá a buscarle mientras duerme y le gritaré al oído: ¡Mortimer! ¿Sí, eh? Voy a tener un loro que no sepa hablar más que una palabra: ¡Mortimer! y se lo voy a dar para que conserve su cólera en movimiento.

WORCESTER.- Oídme, sobrino, una palabra.

HOTSPUR.- Juro que mi única preocupación será vejar o irritar a ese Bolingbroke y a ese príncipe de capa y espada, el de Gales; si no supiera que su padre no le ama y se alegraría, al saber que le ha ocurrido alguna desgracia, le haría envenenar con un jarro de cerveza. **WORCESTER**.- Adiós, pariente. Os hablaré cuando estéis mejor dispuesto a escucharme.

NORTHUMBERLAND.- Qué avispa te ha picado y qué locura impaciente te domina para que charles así como una comadre y sólo prestes oído a tus propias palabras?

HOTSPUR.- ¡Es que me siento azotado, flagelado, sobre espinas, es que siento un hormigueo, cuando oigo hablar de ese vil politicastro! En tiempo de Ricardo... ¿Cómo llamáis el sitio? ¡La peste sea con él!...es en el Glocestershire, allí donde residía ese reblandecido, el Duque, tu tío York, allí donde por primera vez doblé la rodilla ante este rey de las sonrisas, cuando con él volvisteis de Ravenspurg...

NORTHUMBERLAND.- En el castillo de Berkley.

HOTSPUR.- Eso es; ¡cuántas caricias, cuántas zalamerías me tributó entonces ese perro rastrero! *Cuando crezca su infantil fortuna*, decía y *gentil Harry Percy* y *mi querido primo*!... ¡Que se lleve el diablo semejante canalla! ¡Dios me perdone! Querido tío, seguid vuestro cuento, que he concluido.

WORCESTER.- No, si no habéis concluido, podéis recomenzar, que esperaremos.

HOTSPUR.- Mi palabra que he concluido.

WORCESTER. - Volvamos de nuevo a vuestros prisioneros escoceses. Ponedlos inmediatamente en libertad, sin rescate y haced del hijo de Douglas vuestro único agente en Escocia para que levante tropas; por diversas razones que os enviaré por escrito, será cosa fácil, os lo aseguro. Vos, milord (A Northumberland) en tanto que vuestro hijo se ocupa así en Escocia, tratad de insinuaros en el ánimo de ese noble y venerable prelado tan querido, el arzobispo...

HOTSPUR.- De York, ¿no es así?

WORCESTER.- El mismo; aun resiente el golpe de la muerte de su hermano lord Scroop, en Bristol. No hablo aquí por conjeturas, no digo lo que creo probable, sino lo que me consta ha sido complotado, concertado y resuelto, plan cuya realización sólo espera un momento oportuno.

HOTSPUR.- Lo olfateo ya y ¡vive Dios! que tendrá éxito.

NORTHUMBERLAND.- ¡Suelta siempre la traílla antes de empezar la caza!

WORCESTER.- No se puede encontrar un plan más noble. Entonces las tropas de York con las de Escocia, reuniéndose a las de Mortimer. ¡que os parece?

NORTHUMBERLAND.- Así lo harán.

HOTSPUR.- ¡Soberbia concepción, a fe mía!

WORCESTER.- Pero graves razones nos dan apresurémonos a salvar nuestras cabezas, alzándolas bien alto. Porque, por más humilde que sea nuestra actitud, el rey se considerará siempre como nuestro deudor y pensará que no estamos satisfechos, hasta tanto que no encuentre medio de arreglarnos la cuenta. Observad como ya empieza a alejarnos de sus buenas gracias.

HOTSPUR. - Lo hace, lo hace; pero ya nos vengaremos.

WORCESTER.- Adiós, sobrino; no hagáis nada en este sentido, hasta tanto que mis cartas os den una dirección. Cuando el momento sea propicio y lo será en breve, iré a buscar secretamente a Glendower y a Mortimer; entonces vos, Douglas y nosotros, reuniremos con éxito nuestras tropas, según el plan adoptado, para sostener vigorosamente nuestras fortunas, que por el instante parecen vacilar.

NORTHUMBERLAND.- Adiós, mi buen hermano; llevaremos la obra a buen fin, tengo confianza.

HOTSPUR.- Adiós, tío; ¡quieran volar las horas, hasta que los combates, los golpes y los gemidos sean el eco de nuestro esfuerzo!

Enrique IV: Primera parte, Acto II, Escena I

ACTO II

ESCENA I

ROCHESTER.- El patio de una taberna.

(Entra un carretero, con una linterna en la mano.)

1er. CARRETERO.- ¡Hola! Que me ahorquen si no son ya las cuatro de la mañana; la gran Ossa está encima de la nueva chimenea y nuestro caballo no está aun con el arnés. ¡A ver, palafrenero!

EL PALAFRENERO.- (Del interior) ¡Allá voy, allá voy!

1er CARRETERO.- Te ruego, Tom, que golpees un poco la silla de Cut y rellenes algo el arzón; la pobre bestia se lastima constantemente en el lomo.

(Entra otro carretero)

2º CARRETERO.- Los guisantes y las habas son aquí húmedas como el diablo y es ese el camino más corto para que esas pobres bestias revienten; esta casa se la ha llevado el diablo desde que murió el palafrenero Bertoldo.

1er. CARRETERO.- ¡Pobrecito! No tuvo un momento de alegría desde que el precio de la avena subió; ¡eso fue lo que le mató!

2º CARRETERO.- Creo que en todo el camino de Londres esta es la casa más infame por las pulgas; estoy picoteado como una tenca.

1er. CARRETERO.- ¡Como una tenca! ¡Vive Dios! que ningún rey de la cristiandad fue nunca mejor chupado que lo que yo lo he sido desde que cantó el gallo.

2º CARRETERO.- Y nunca le dan a uno un vaso de noche y hay que mear en la chimenea, lo que convierte el cuarto en un hormiguero de pulgas.

1er. CARRETERO.- Hola, palafrenero, racimo de horca, ¡venir aquí!

2º CARRETERO.- Tengo un jamón y dos raíces de jengibre que llevar hasta Charing-Cross.

1er. CARRETERO.- ¡Por el diablo! los gansos se están muriendo de hambre en el canasto. ¡Hola, palafrenero! ¡Un rayo te parta! ¿Nunca has tenido ojos en la cara? ¿Estás sordo? Si no hay tanta razón de romperte el alma como de beber un trago, soy un pillo de marca. Ven acá y que te ahorquen: ¿no tienes conciencia?

(Entra Gadshill)

GADSHILL.- Buen día, muchachos. ¿Qué hora es?

1er. CARRETERO.- Las dos, creo.

GADSHILL.- Te ruego me prestes tu linterna para ver mi caballo en la cuadra.

1er. CARRETERO.- Anda, que conozco una broma que vale por dos como esa.

GADSHILL.- (Al 2º) Por favor, préstame la tuya.

2º CARRETERO.- Hola, ¿a mí con esas? ¿Préstame la linterna, dice? Primero te veré ahorcado.

GADSHILL.- A ver, pillos, ¿a qué hora pensáis llegar a Londres?

2º CARRETERO.- A tiempo para ir a la cama con un candil, te lo aseguro. Vamos, vecino Mugs, a despertar a esos señores; quieren viajar en compañía, porque llevan mucha carga.

(Salen los carreteros)

GADSHILL.- Hola, ¡aquí, camarero!

CAMARERO.- (Del interior) Pronto, a la mano- como dicen los ladrones.

GADSHILL.- Lo mismo dicen los camareros; porque, entre tú y un ladrón, no hay más diferencia que entre dirigir y hacer; tu eres quien arma el lazo.

(Entra el camarero)

CAMARERO.- Buen día, maese Gadshill. Las cosas están como os dije ayer; tenemos aquí un propietario de las selvas de Kent, que trae sobre él trescientos marcos en oro; se lo he oído decir a él mismo, anoche en la cena, a tino de sus compañeros, una especie de auditor, que va también provisto de una gruesa valija, sabe Dios con qué dentro. Están ya los dos en pie y han pedido huevos y manteca; van a partir en breve.

GADSHILL.- Compadre, si estos no se encuentran con los hermanos de San Nicolás te doy mi cabeza.

CAMARERO. - No, no sabría que hacer de ella; te ruego la conserves para el verdugo, porque te sé tan devoto de San Nicolás, como puede serlo un hombre sin fe.

GADSHILL.- ¿Qué me hablas del verdugo? Si me ahorcan, haremos un hermoso par de racimos de horca, porque, si me cuelgan, colgarán conmigo al viejo Sir John y bien sabes que no está tísico. ¡Bah! hay otros Troyanos en los que no sueñas, quienes, por placer, se dignan hacer honor a la profesión y que, si los jueces curiosearan de cerca, se encargarían, por propia conveniencia, de hacer arreglar las cosas. Yo no hago liga con descamisados, ni con villanos armados de garrotes, que apalean por seis sueldos, ni con matasietes bigotudos, de rostro inflamado por la cerveza; sino con gente noble y tranquila, con burgomaestres y tesoreros, gente de peso, más pronta a pegar que a hablar, a hablar que a beber y a beber que a rezar. ¡Y pardiez! que me engaño; porque rezan continuamente a su Santo el erario público. ¿Le rezan, digo? No, lo rozan; porque lo suben y lo bajan, para calzarse las botas.

CAMARERO.- Cómo, ¿calzarse las botas? Cuidado no se les humedezcan en un mal camino.

GADSHILL.- No hay cuidado; la justicia misma les da un lustre impermeable. Robaremos tan seguros como en un castillo fuerte; tenemos la receta de la semilla de helecho; caminamos invisibles.

CAMARERO.- Creo, voto a bríos, que debéis más a la noche que a esa semilla el andar invisibles.

GADSHILL. - Dame la mano; tendrás una parte en nuestra presa, tan cierto como que soy un hombre de bien.

CAMARERO.- Di más bien: tan cierto como que soy un pillo redomado y te creeré.

GADSHILL.- ¿Qué quieres? Horno es un nombre común a todos los hombres. Dile al palafrenero que me traiga mi caballo de la cuadra. Adiós, cenagoso bellaco.

(Sale)

Enrique IV: Primera parte, Acto II, Escena II

ACTO II

ESCENA II

El camino cerca de Gadshill.

(Entran el príncipe Enrique y Poins; Bardolfo y Peto a cierta distancia)

POINS.- Pronto, pronto, esconderse; he alejado el caballo de Falstaff y está rechinando como pana engomada.

PRÍNCIPE ENRIQUE.- Disimúlate aquí.

(Entra Falstaff)

FALSTAFF.- ¡Poins! ¡Poins! ¡No verte ahorcado! ¡Poins!

PRÍNCIPE ENRIQUE.- ¡Silencio, enjundia de riñonada! ¿Porqué metes ese alboroto?

FALSTAFF.- ¿Donde está Poins, Hal?

PRÍNCIPE ENRIQUE.- Se ha subido a la colina; voy a buscarle.

(Finge salir en su busca)

FALSTAFF.- Es una maldición robar en compañía de ese pillo; el bellaco ha alejado mi caballo y lo ha atado no sé donde. Con cuatro pies cuadrados más que ande se me corta el resuello. Si escapo a la horca por quitarle el gusto del pan a ese canalla, seguro que tendré una muerte hermosa. Hace veintidós años que estoy jurando a toda hora renunciar a la compañía de ese rufián; pero debe ser cosa de maleficio el atractivo que tiene sobre mí. Si el pillo no me ha dado algún filtro a beber para hacerse querer, que me cuelguen; no puede ser de otro modo, he bebido un filtro. ¡Poins! ¡Hal! ¡La peste sea con vosotros! ¡Bardolfo! ¡Peto! ¡Que me muera de hambre si doy un paso más por robar! Si no es cierto que tanto me convendría hacerme hombre honrado y abandonar esta canalla, como beber un buen trago, ¡soy el más genuino belitre que jamás mascó con un diente! ocho yardas, a pie, en un terreno desparejo, equivalen para mí a diez millas; bien lo saben esos villanos de corazón de piedra. ¡Que la peste se lleve a todos los ladrones que rio se guardan fe unos a otros!

(Se oye un silbido)

¡Ouf! ¡La peste sea con vosotros todos! ¡Devolvedme mi caballo, marranos, el caballo, fruta de horca!

PRÍNCIPE ENRIQUE.- ¡Silencio, salchichón! Échate ahí. Pega el oído a tierra y dime si no oyes el paso de algún viajero.

FALSTAFF.- ¿Tenéis algunas palancas para levantarme una vez que esté echado? ¡Voto al diablo! ¡No recomenzaré a pasear a pie mi pobre carne por todo el oro que hay en la caja de tu padre! ¿Qué rabia tenéis de enflaquecerme así?

PRÍNCIPE ENRIQUE.- No se te enflaquece, se te desengrasa.

FALSTAFF.- Te ruego, mi buen príncipe Hal, encuéntrame mi caballo, ¡buen hijo de rey!

PRÍNCIPE ENRIQUE.- ¡Hola, bribón! ¿Soy acaso tu mozo de cuadra?

FALSTAFF.- ¡Vete a ahorcar con tus propias ligas de heredero presuntivo! Si me cogen, ya me las pagareis. Si no os hago unas letrillas que se cantarán con las tonadas más sucias del mercado, que me sepa a veneno una copa de Jerez. Cuando una broma va tan lejos, sobre todo a pie, la detesto.

(Entra Gadshill)

GADSHILL.- ¡Alto!

FALSTAFF.- Así lo hago, contra mi voluntad.

POINS.- Ahí viene nuestro olfatero; conozco su voz.

(Entra Bardolfo)

BARDOLFO.- ¿Qué hay de nuevo?

GADSHILL.- Pronto, pronto, tapaos; poneos la Máscara; ya viene el oro del rey. Baja de la colina y va a la real caja.

FALSTAFF.- Mientes, pillo: va a la real taberna.

GADSHILL.- Hay bastante para hacernos a todos...

FALSTAFF.- Ahorcar.

PRÍNCIPE ENRIQUE.- Vosotros cuatro les detendréis en el desfiladero; Ned, Poins y yo nos colocaremos más abajo; si se os escapan, nos caerán a las manos.

PETO.- ¿Cuántos son?

GADSHILL.- Unos ocho o diez.

FALSTAFF.- ¡Cáspita! ¿Y no nos robarán a nosotros?

PRÍNCIPE ENRIQUE.- ¡Qué pedazo de cobarde éste D. Juan Panza!

FALSTAFF.- Yo no digo que sea un D. Juan de Gante, vuestro abuelo, ¡pero un cobarde! No, no lo soy, Hal.

PRÍNCIPE ENRIQUE.- Bien; eso lo veremos ahora.

POINS.- Amigo Jack, tu caballo está detrás del cerco; allí le encontrarás cuando lo necesites. Adiós y mano firme.

FALSTAFF.- ¡Ay, si pudiese aplastarle, aunque me ahorcaran después!

PRÍNCIPE ENRIQUE.- Ned, ¿dónde están nuestros disfraces?

POINS.- Aquí al lado; seguidme.

(Salen el Príncipe Enrique y Poins)

FALSTAFF.- Vamos, señores, ¡buena suerte! Cada uno a su tarea.

(Entran los viajeros)

1er. VIAJERO.- Venid, vecino; el muchacho llevará nuestros caballos hasta abajo de la cuesta; andemos un poco a pie para estirar las piernas.

LOS LADRONES.- ¡Alto ahí!

VIAJEROS.- ¡Cristo nos ampare!

FALSTAFF.- ¡Duro en ellos! ¡Echarlos al suelo! ¡Degolladlos! ¡Miserables gusanos! ¡Hijos de p...! ¡Hartos de tocino! ¡Nos odian jóvenes amigos! ¡A tierra con ellos! ¡Despojadles!

1er. VIAJERO.- ¡Ay! Estamos perdidos, con todo lo que poseemos, ¡para siempre!

FALSTAFF.- ¡A la horca, panzudos miserables! ¿Perdidos vosotros? No, gruesos patanes. ¡Quisiera que todo vuestro haber estuviera aquí! ¡Adelante, cerdos, adelante! ¿Cómo, miserables? ¿No es acaso necesario que la juventud viva? Sois grandes jurados, ¿no es verdad? Pues ahora os vamos a hacer jurar nosotros.

(Despojan a los viajeros y echándoles friera, salen Falstaff y los otros)

Vuelve el Príncipe Enrique y Poins.

PRÍNCIPE ENRIQUE.- Los bandidos han maniatado a la gente de bien. Ahora si pudiéramos tú y yo, robar a los bandidos y volvernos alegremente a Londres, tendríamos tema para charlar una semana, reírnos un mes y burlarnos siempre.

POINS.- No hagamos ruido, les siento venir.

Vuelven los ladrones.

FALSTAFF.- Vamos, compañeros, a repartirnos y antes, que venga el día, a caballo todos. Si el príncipe y Poins no son unos cobardes de marca, no ha habido nunca justicia en el mundo. No hay más bravura en ese Poins que en un pato salvaje.

PRÍNCIPE ENRIQUE.- (Cayendo sobre ellos) ¡La bolsa o la vida!

POINS.- ¡Villanos!

(Mientras están repartiendo el botín, el príncipe y Poins se les van encima. Falstaff después de uno o dos quites, huye con los otros, dejando tras ellos todo el botín)

PRÍNCIPE ENRIQUE.- ¡Fácil victoria! ¡Ahora, alegremente, a caballo! Los ladrones se han dispersado y llevan tal miedo, que no se atreven a acercarse uno al otro. Cada uno toma al compañero por un gendarme. Adelante, buen Ned. Falstaff va sudando a chorros y engrasando la flaca tierra al caminar. Si no me riera tanto, le tendría lástima.

POINS.- ¡Como chillaba el bellaco!

Enrique IV: Primera parte, Acto II, Escena III

ACTO II

ESCENA III

WARKWORTH.- Una sala en el Castillo.

(Entra Hotspur, leyendo una carta)

HOTSPUR.- *Pero, por mi parte, milord, estaría muy contento de encontrarme allí, a causa del afecto que tengo a vuestra casa.* ¿Que estaría muy contento? ¿Porqué no está aquí, entonces? A causa del afecto que tiene a nuestra casa: muestra en esto que tiene más afecto a su granja que a nuestra casa. Sigamos: *la empresa que tentáis es peligrosa.* ¡Vaya si lo es! También es peligroso resfriarse, dormir, beber; pero también os digo, milord estúpido, que sobre esa espina del peligro, se recoje la flor de la seguridad. *La empresa que tentáis es peligrosa; los amigos que me nombráis. inseguros: el momento mismo, inoportuno; todo el conjunto de vuestro proyecto muy frágil, frente a tan formidables obstáculos.* ¿Cómo decís, cómo decís? En cambio os digo que sois un necio, un cobarde patán y que mentís. Pero ¿qué especie de idiota es éste? ¡Pardiez! nuestro plan es uno de los mejores que jamás se concibieron; nuestros amigos leales y constantes; ¡un buen plan, buenos amigos y un mundo de esperanzas! Un plan excelente, amigos de primer orden. ¡Que alma de témpano tiene ese mentecato! ¿Cómo? Milord de York aprueba el plan y la marcha general de la acción... Voto al chápiro, si estuviese en este momento cerca de ese villano, le rompería el cráneo con el abanico de su mujer. ¿No están en ello mi padre, mi tío y yo mismo? ¿Lord Edmundo Mortimer, milord de York, Owen Glendower? ¿No están además los Douglas? ¿No tengo acaso cartas de todos ellos, en las que me anuncian vendrán con su gente a reunirse conmigo el 9 del próximo mes? ¿Acaso algunos de ellos no están ya en camino? ¡Y este vil renegado! ... ¡Ah! lo vais a ver, con toda la sinceridad del miedo y de la pusilanimidad, irse al rey y revelarle todos nuestros proyectos. ¡Quisiera despedazarme, abofetearme yo mismo por haber invitado a tan alta empresa a semejante plato de natillas! ¡Racimo de horca! Que vaya a contárselo al rey: estamos prontos; esta misma noche parto.

(Entra Lady Percy)

HOTSPUR.- ¿Y bien, Kate? Es necesario que os deje dentro de dos horas.

LADY.- ¡Oh! mi buen señor, ¿porqué estáis así tan solo? ¿Y porqué ofensa me encuentro desterrada, hace dos semanas, del lecho de mi Enrique? Dime, mi dulce dueño, ¿que te quita así el apetito, la alegría y el sueño de oro? ¿Porqué miras fijamente al suelo y te estremeces a menudo cuando estás sólo? ¿Porqué ha desaparecido de tus mejillas el vivo ardor de la sangre? ¿Porqué has abandonado mis tesoros y mis derechos sobre ti a la meditación sombría y a la melancolía maldita? He velado durante tus sueños inquietos y te he oído murmurar historias de férreos combates, dar gritos de aliento a tu ardiente corcel, "¡valor al campo!" Has hablado de salidas, de retiradas, de trincheras, de carpas, palizadas, fortines, parapetos, de bombas, cañones, culebrinas, de prisioneros rescatados, de soldados muertos, de toda la brega de un combate implacable. Tu espíritu había guerreado tanto y te había agitado de tal manera en tu sueño, que las gotas de sudor corrían por tu frente como burbujas sobre un curso de agua recién agitado. Y sobre tu cara aparecían extrañas contracciones, semejantes a las que vemos cuando se retiene el aliento en un brusco ímpetu. ¿Qué presagios son estos? Algún grave designio tiene mi señor; debo conocerlo, o él no me ama.

HOTSPUR.- ¡Hola!

(Entra un criado)

¿Partió Williams con el paquete?

CRIADO.- Sí, milord, hace una hora.

HOTSPUR.- ¿Ha traído Butler los caballos de casa del sheriff?

CRIADO.- Acaba de llegar con uno de los caballos.

HOTSPUR.- ¿Qué caballo? ¿No es un ruano, desorejado?

CRIADO.- Ese es, milord.

HOTSPUR.- Ese ruano será mi trono. Le montaré en breve: ¡O esperanza! Di a Butler que lo traiga al parque.

(Sale el criado)

LADY.- Pero oídme, milord.

HOTSPUR.- ¿Qué dices, milady?

LADY.- ¿Qué es lo que te arrastra lejos de mí?

HOTSPUR.- Mi caballo, amor mío, mi caballo.

LADY.- ¡Vamos, mono antojadizo! ¡Una comadreja tiene menos caprichos que vos! Por mi fe, quiero conocer lo que os ocupa, Harry, lo quiero. Temo que mi hermano Mortimer empiece a moverse por sus derechos al trono y os haya enviado a buscar. Pero si vais...

HOTSPUR.- Tan lejos, a pie me fatigaré mucho, amor mío.

LADY.- Vamos, vamos, papagayo, contestad directamente a la pregunta que os hago. Harry, te voy a romper el dedo meñique si no me dices toda la verdad.

HOTSPUR.- ¡Basta, locuela! ¿Amarte? No, no te amo, ni me importa nada de ti, Kate. No es el momento de jugar a las muñecas ni de chocar los labios. Necesitamos narices ensangrentadas; las coronas rotas son la moneda del día. ¡Mi caballo, vive Dios! ¿Qué dices, Catalina? ¿Qué es lo que quieres de mí?

LADY.- ¿No me quieres? ¿No, en verdad? Está bien; pero si no me amas, no amaré yo tampoco. No, dime si hablas en broma o no.

HOTSPUR.- ¿Quieres verme montar a caballo? Una vez que esté sobre la silla, te juraré un amor infinito. Pero óyeme bien, Kate: en adelante, necesito que no me preguntes donde voy, ni cosa semejante. Voy donde debo ir y, para concluir, tengo que dejarte esta noche, mi linda, Kate. Sé que eres prudente; pero nada más que prudente, tanto como puede serlo la mujer de Harry Percy. Eres constante, pero mujer. Para los secretos, ninguna más discreta, porque estoy seguro que no revelarás lo que no sabes. ¡Ve hasta donde confío en ti, mi linda Kate!

LADY.- ¿Cómo? ¿Hasta ahí?

HOTSPUR.- Ni una pulgada más. Pero ¿me oyes bien, Kate? Donde yo vaya, irás tú. Yo parto hoy y tú mañana. ¿Estás contenta, Kate?

LADY.- Tengo que contentarme, a la fuerza.

(Salen)

Enrique IV: Primera parte, Acto II, Escena IV

ACTO II

ESCENA IV

EASTCHEAP. - Un cuarto en la taberna de la "Cabeza del Cerdo".

(Entran el Príncipe Enrique y Poins)

PRÍNCIPE ENRIQUE.- Ned, hazme el favor de salir de ese cuarto inmundo y préstame tu ayuda para reírme un poco.

POINS.- ¿Dónde has estado, Hal?

PRÍNCIPE ENRIQUE.- Con tres o cuatro tontos entre sesenta u ochenta barriles. He tocado el más bajo fondo de la canallería. Soy hermano juramentado de una traílla de mozos de taberna y puedo llamarles a todos por sus nombres cristianos de Tom, Dick y Francis. Juran ya, por su vida eterna, que aunque yo no sea aun más que príncipe de Gales, soy ya el rey de la cortesía y afirman netamente que no soy un altanero Jack, como Falstaff, sino un Corintio, un muchacho de corazón, un buen compañero; ¡pardiez! es así como me llaman. Cuando sea rey de Inglaterra, mandaré a todos los buenos rapaces de Eastsheap. Al beber firme, llaman *teñir de escarlata* y cuando, al vaciar una botella, respiráis, gritan ¡hum! y te imponen ver el fondo. En suma, he hecho tantos progresos en un cuarto de hora, que puedo, toda mi vida, invitar a beber, en su propia jerga, a cualquier calderero remendón. Ned, te aseguro que perdiste un gran honor no estando conmigo en esa acción. Pero, dulce Ned, para endulzar aun tu dulce nombre de Ned, te doy este cucurucho de azúcar, que hace poco me metió en la mano un sub-tabernero, uno que jamás habló más inglés en su vida que: *ocho chelines y seis peniques* o *¡Bienvenido!* con este estribillo chillón: *¡al instante! ¡al instante, señor! medid una pinta, de BASTARDO en la Media Luna*, o algo por el estilo. Ahora, Ned, para pasar el tiempo hasta que venga Falstaff, vete a la pieza contigua, en tanto que interrogo a ese ingenuo fámulo con qué objeto me ha dado el azúcar; no dejes de llamar ¡Paco! de manera que la historia que me cuente se reduzca a: *¡al instante!* Sepárate, voy a enseñarte el modo.

POINS.- ¡Paco!

PRÍNCIPE ENRIQUE.- Perfectamente.

(Sale Poins)

(Entra Paco)

PACO.- Al instante, al instante, señor. Ve en el salón granate, Ralph.

PRÍNCIPE ENRIQUE.- Ven aquí, Paco.

PACO.- ¿Milord?

PRÍNCIPE ENRIQUE.- ¿Cuanto tiempo tienes que servir aún, Paco?

PACO.- A fe mía, cinco años y tanto como...

POINS.- (Dentro) ¡Paco!

PACO.- ¡Al instante, al instante, señor!

PRÍNCIPE ENRIQUE.- ¡Cinco años! ¡Por nuestra Señora, es una contrata muy larga para fregar el estaño! Pero, dime, Paco, ¿serás bastante valiente para hacerte el cobarde ante ese compromiso y mostrarle un bello par de talones, huyendo de él?

PACO.- ¡Oh Señor! Podría jurar sobre todas las Biblias de Inglaterra, que tendría bastante corazón para...

POINS.- (Dentro) ¡Paco!

PACO.- ¡Al instante, al instante, señor!

PRÍNCIPE ENRIQUE.- ¿Qué edad tienes, Paco?

PACO.- Dejadme contar... Para el próximo San Miguel tendré...

POINS.- (Dentro) ¡Paco!

PACO.- ¡Al instante, señor! Milord, esperad un momento, os ruego.

PRÍNCIPE ENRIQUE.- No, ocúpate de mí, Paco. El azúcar que me diste, sólo te costó un penique, ¿verdad?

PACO.- ¡Oh milord! Hubiera querido que me costara dos.

PRÍNCIPE ENRIQUE.- Quiero darte en cambio mil libras; pídemelas cuando quieras y las tendrás.

POINS.- (Dentro) ¡Paco!

PACO.- ¡Al instante, al instante!

PRÍNCIPE ENRIQUE.- ¡Al instante, Paco! No, Paco; mañana, Paco, o el Jueves, Paco, o, por mi fe, Paco, cuando quieras. Pero, Paco...

PACO.- ¿Milord?

PRÍNCIPE ENRIQUE.- ¿Te animarías a robar a un quidam que lleva un coleto de ante, botones de cristal, pelado al ras, anillo de ágata, medias color pulga, ligas de lana, voz melosa y panza española?

PACO.- ¡Oh, milord! ¿De quién queréis hablar?

PRÍNCIPE ENRIQUE.- Vamos, veo que tu única bebida es ese brebaje bastardo; porque mira Paco, tu justillo de blanca lona se ensuciará. En Berberia, eso no puede costar tan caro.

PACO.- ¿Cómo, Señor?

POINS.- (Dentro) ¡Paco!

PRÍNCIPE ENRIQUE.- ¡Anda, granuja! ¡no oyes que te están llamando!

(Ambos le llaman a la vez; el mozo se queda perplejo no sabiendo a quien acudir)

(Entra el tabernero)

TABERNERO.- ¿Cómo te estáis ahí parado, oyendo como te llaman? ¡Corre a servir los parroquianos!

(Paco sale)

Milord, el viejo Sir John, con una media docena más, están ahí fuera: ¡debo dejarles entrar?

PRÍNCIPE ENRIQUE.- Que esperen un momento y luego ábreles la puerta.

(Sale el Tabernero)

¡Poins!

(Vuelve Poins)

POINS.- ¡Al instante, al instante, señor!

PRÍNCIPE ENRIQUE.- Amigo, Falstaff y el resto de los ladrones están ahí fuera. ¡Lo que vamos a reírnos!

POINS.- A reírnos como grillos, chico. Pero, dime, ¿qué maligno placer has tenido en esa broma con el mozo? ¿Qué te proponías?

PRÍNCIPE ENRIQUE.- Daría en este momento todas las bromas que se han inventado desde los viejos tiempos del buen hombre Adam hasta la hora juvenil de medianoche, que suena ahora.

(Vuelve Paco, con vino)

¿Qué hora es, Paco?

PACO.- ¡Al instante, al instante, señor!

PRÍNCIPE ENRIQUE.- ¡Es posible que este asno sepa menos palabras que un loro y sea, sin embargo, hijo de mujer! Su industria se reduce a subir y bajar escaleras; su ciencia, a cuanto debe el parroquiano. No tengo todavía el humor de Percy, la Espuela Ardiente del Norte, ese que mata seis o siete docenas de escoceses en un almuerzo, se lava las manos y dice a su mujer: ¡Qué vida ociosa! ¡Tengo necesidad de hacer algo! O mi dulce Enrique, contesta ella, ¿cuántos has muerto hoy?... ¡Que den de beber a mi caballo ruano! exclama él; luego, una hora después, contesta: ¡Unos catorce, una bagatela, una bagatela!... Haz entrar a Falstaff, te ruego; yo haré el papel de Percy y ese condenado jabalí hará el de Lady Mortimer, su esposa. ¡Rivo! suelen decir los borrachos. Introduce esas osamentas y esa vejiga de sebo.

(Entran Falstaff, Gadshill, Bardolfo y Peto)

POINS.- ¡Bienvenido, Jack! ¿Dónde has estado?

FALSTAFF.- La peste se lleve a todos los cobardes, ¡digo! ¡Ojalá les apretaran el gañote! ¡Amen, pardiez! Dame una copa de Canarias, muchacho. Antes que continuar más esta vida, prefiero hacer calceta, zurcir medias y hasta pisotearlas. ¡La peste se lleve a todos los cobardes! No hay ya virtud sobre la tierra. Dame una copa de Canarias, pillo.

(Bebe)

PRÍNCIPE ENRIQUE.- ¿Has visto alguna vez a Febo besar un pan de mantequilla y éste derretirse, enternecido, bajo la dulce caricia del sol? Si lo viste, contempla esa mole.

FALSTAFF.- Bribón, hay cal en este vino; no se encuentra sino infamia en el hombre villano; sin embargo, un cobarde es peor que un jarro de vino con yeso dentro: ¡innoble cobarde! Sigue tu camino, viejo Jack, muere cuando quieras; si el heroísmo, el verdadero heroísmo, no desaparece del haz de la tierra, soy un arenque seco. La Inglaterra no cuenta más de tres hombres de bien no ahorcados aún; uno de ellos está algo grueso y comienza a envejecer. ¡Dios le tenga en su guarda! ¡Oh mundo infame! Quisiera ser un artesano; cantaría salmos o cualquier cosa. Una vez más, ¡que la peste se lleve a todos los cobardes!

PRÍNCIPE ENRIQUE.- Eh, saco de lana, ¿que estás refunfuñando ahí?

FALSTAFF.- ¡Un hijo de rey! Si no te expulso de tu reino con una espada de palo y delante de ti a toda la turba de tus súbditos como a una bandada de gansos, no llevaré más un pelo en la cara. ¿Tú, príncipe de Gales?

PRÍNCIPE ENRIQUE.- Pero, hijo de p... ¿de que se trata?

FALSTAFF.- ¿No eres un cobarde? ¡Contéstame a eso! ¿Y Poins también?

PRÍNCIPE ENRIQUE.- Por Cristo, panzón inmundo, si me llamas cobarde, ¡te coso a puñaladas!

FALSTAFF.- ¡Llamarte a ti cobarde! ¡Te vería condenado antes de llamarte cobarde! Pero daría mil libras por poder correr tan ligero como tú. Sois bien formados de espaldas, compadres y no os importa que os miren por detrás. ¿Y a eso llamas sostener a los amigos? ¡La peste sea con semejante sostén! ¡Dadme gente que me haga cara! Que me den de beber; soy un bellaco si he bebido un trago hoy.

PRÍNCIPE ENRIQUE.- ¡Canalla! ¡Tienes los labios aun húmedos del último jarro que te has tragado!

FALSTAFF.- Nada, lo repito una vez más: ¡la peste se lleve a todos los cobardes!

(Bebe)

PRÍNCIPE ENRIQUE.- ¿Pero de qué se trata?

FALSTAFF.- ¿De qué se trata? Henos aquí cuatro que esta mañana habíamos cogido mil libras.

PRÍNCIPE ENRIQUE.- ¿Dónde están Jack, dónde están?

FALSTAFF.- ¿Dónde están? Nos las han quitado. ¡Pobres de nosotros! ¡Éramos cuatro contra cien!

PRÍNCIPE ENRIQUE.- ¡Cómo, hombre! ¿Contra cien?

FALSTAFF.- Soy un badulaque si no cruzó el hierro durante dos horas contra una docena de ellos. He escapado por milagro. Me han atravesado ocho veces el peto y cuatro las bragas; mi escudo está perforado de parte a parte y mi espada mellada como una sierra: ecce signum. ¡Jamás me conduje mejor desde que soy hombre! Todo fue inútil. ¡La peste se lleve a todos los cobardes! Que hablen éstos ahora; si exageran o amenguan la verdad, son unos malvados, hijos de las tinieblas.

PRÍNCIPE ENRIQUE.- Hablad, amigos: ¿qué ha ocurrido?

GADSHILL.- Nosotros cuatro caímos sobre unos doce...

FALSTAFF.- Diez y seis, al menos, ¡milord!

GADSHILL.- Y los amarramos.

PETO.- No es cierto, no los amarramos.

FALSTAFF.- Bribón, los ligamos a todos, sin excepción o no soy más que un judío, un judío hebreo.

GADSHILL.- Mientras nos estábamos repartiendo, un grupo de seis o siete se nos vino encima...

FALSTAFF.- Y éstas desataron a los primeros; luego llegaron otros.

PRÍNCIPE ENRIQUE.- ¿Cómo? ¿Os habéis batido contra todos ellos?

FALSTAFF.- ¿Todos? No sé lo que llamáis todos; pero si yo no me he batido con cincuenta de ellos, soy un manojo de rábanos. Y si cincuenta y dos o cincuenta y tres asaltantes no atacaron al pobre viejo Jack, no soy una criatura bípeda.

PRÍNCIPE ENRIQUE.- ¡Quiera Dios que no hayas matado a varios de ellos!

FALSTAFF.- Me parece el voto algo tardío; empimenté dos; dos, estoy seguro, quedaron liquidados, dos pillos con trajes de bocací. Oye, Hal: si te miento, ¡escúpeme en la cara, llámame caballo! Tú bien conoces mi vieja guardia. He aquí mi actitud: con la espada en esta posición, cuatro pillos vestidos de bocací me acometen...

PRÍNCIPE ENRIQUE.- ¿Cómo cuatro? Dijiste dos hace un momento.

FALSTAFF.- Cuatro, Hal, te dije cuatro.

POINS.- Sí, sí, dijo cuatro.

FALSTAFF.- Esos cuatro se me vinieron de frente y me atacaron al mismo tiempo. Yo, con toda sangre fría, recibí las siete puntas en mi escudo, así.

PRÍNCIPE ENRIQUE.- ¿Siete? ¡Hace un momento no eran más que cuatro!

FALSTAFF.- Con trajes de bocací.

POINS.- Sí, cuatro en trajes de bocací.

FALSTAFF.- Siete, por la empuñadura de mi espada, ¡o no soy más que un follón!

PRÍNCIPE ENRIQUE.- Déjalo continuar; el número va a crecer en breve.

FALSTAFF.- Me atiendes, Hal?

PRÍNCIPE ENRIQUE.- Sí y te observo también, Jack.

FALSTAFF.- Presta atención, porque la cosa vale la pena. Los nueve en traje de lino, de que te hablé...

PRÍNCIPE ENRIQUE.- ¡Ya aparecieron dos más!

FALSTAFF.- Habiéndoseles roto las puntas...

POINS.- Se les cayeron los calzones.

FALSTAFF.- Empezaron a recular; pero les aprieto de cerca, trabajo con pies y manos y en un relámpago, me liquido a siete de los once.

'PRÍNCIPE ENRIQUE.- ¡Oh prodigio! ¡De dos hombres vestidos de bocací han salido once!

FALSTAFF.- Pero, como si el diablo se mezclara, tres de esos bandidos, tres Canallas vestidos de paño verde de Kendal, me acometen por la espalda; estaba tan oscuro, Hal, que no habrías podido ver tu mano.

PRÍNCIPE ENRIQUE.- Esas mentiras son como el padre que las engendra, gordas como montañas, impudentes, palpables. Especie de tripa con relleno de barro, imbécil de nudoso cráneo, hijo de p..., obsceno, ¡indecente montón de sebo!

FALSTAFF.- ¿Pero estás loco? ¿Estás loco? ¿No es verdad, la pura verdad?

PRÍNCIPE ENRIQUE.- ¿Pero cómo has podido distinguir que esos hombres estaban vestidos de paño verde de Kendal, cuando estaba tan oscuro que no podías ver tus manos? A ver, danos una razón; ¿qué contestas a eso?

POINS.- ¡Vamos, una razón, Jack, una razón!

FALSTAFF.- ¿Cómo, así, por apremio? No, aunque me descuartizaran, aunque me dieran todos los suplicios del mundo, no diría una palabra por apremio. ¡Obligarme a dar una razón! Aunque las razones frieran más abundantes que las moras en los cercos, no le daría a nadie una sola. ¡Con apremios, a mí!

PRÍNCIPE ENRIQUE.- No quiero ser más tiempo cómplice de éste mentir descarado; éste sanguíneo poltrón, éste demoledor de camas, éste deslomador de caballos, esta sucia mole de carne...

FALSTAFF.- ¡Fuera de aquí, hambriento, piel de duende, lengua seca dc buey, bacalao! ... ¡Oh! ¡si tuviese aliento para decirte a todo lo que te pareces! ¡Vara de sastre, vaina, mascarón de proa, vil espadín!

PRÍNCIPE ENRIQUE.- Bien, respira un poco y recomienza; cuando te hayas agotado en innobles comparaciones, óyeme un poco.

POINS.- Escucha, Jack.

PRÍNCIPE ENRIQUE.- Éste y yo os hemos visto, a vosotros cuatro, caer sobre cuatro hombres; los habéis atado y despojado de cuanto tenían encima. Oye ahora cómo, con una palabra, echo al suelo toda tu historia... Entonces, nosotros dos caímos sobre vosotros cuatro y en un suspiro os aligeramos de vuestra presa, trayéndonosla; os la podemos mostrar, aquí, en esta casa. En cuanto a ti, Falstaff, te echaste la panza al hombro con extraordinaria habilidad y metiste a correr como un gamo, bramando, pidiendo gracia, mugiendo como nunca oí a un becerro. ¡Es necesario que seas muy canalla para haber mellado así tu espada y asegurar que fue batiéndote! ¿Qué fábula, qué estratagema, qué escapatoria podrás encontrar para salvarte de esta manifiesta y patente vergüenza?

POINS.- Vamos o ver, Jack; ¿qué subterfugio encuentras?

FALSTAFF.- ¡Pardiez! Os reconocí en el acto como el que os hizo. Oídme, ahora, señores: ¿debía, yo matar al heredero presuntivo? ¿Atentar contra el príncipe legítimo? Bien sabes que soy valiente como Hércules, pero observa el instinto: el león respeta siempre la sangre real. El instinto es una gran cosa; he sido cobarde por instinto. Así mientras viva, tendré más alta opinión de mí mismo y de ti; de mí, por león valiente, de ti, por verdadero príncipe. Al fin y al cabo, vive el cielo, muchachos, que me alegro que tengáis el dinero. ¡Posadera! ¡en facción a la puerta! Velarás esta noche, rezarás mañana. ¡Valientes amigos! ¡Compañeros! ¡Bravos chicos! ¡Corazones de oro! Dejadme daros todos los títulos que me inspira mi fraternal cariño. Armaremos una juerga, ¿verdad? ¡Si improvisáramos una comedia!

PRÍNCIPE ENRIQUE.- Perfectamente; tu escapada servirá de trama.

FALSTAFF.- No hablar más de eso, Hal, si me quieres.

(Entra la posadera)

POSADERA.- Milord... mi príncipe...

PRÍNCIPE ENRIQUE.- Y bien, milady... posadera, ¿qué tienes que decirme?

POSADERA.- Pues, nada, milord; hay en la puerta un noble de la Corte que quiere hablaros; dice que viene de parte de vuestro padre.

PRÍNCIPE ENRIQUE.- Pues dale lo suficiente para hacer de él un hombre real y que se vuelva a donde está mi padre.

FALSTAFF.- ¿Qué clase de hombre es?

POSADERA.- Un hombre viejo.

FALSTAFF.- ¿Cómo Su Gravedad ha abandonado el lecho a media noche? ¿Debo contestarle?

PRÍNCIPE ENRIQUE.- Hazlo, Jack, te lo ruego.

FALSTAFF.- Déjame hacer, pronto le despacharé.

(Sale)

PRÍNCIPE ENRIQUE.- Ahora a nosotros, señores. Por mi fe, os habéis batido bien; tú también, Peto y tú, Bardolfo. También sois unos leones, también huíais por instinto y no queríais tocar al príllcipe legítimo. ¡Pouah!

BARDOLFO.- A fe mía, corrí cuarido vi a los otros correr.

PRÍNCIPE ENRIQUE.- Dime ahora seriamente, ¿cómo es que está tan mellada la espada de Falstaff?

PETO.- ¡Eh! la melló con su propia daga; dijo que juraría por todo el honor que hay en Inglaterra, para haceros creer que el desperfecto había ocurrido en la lucha nOs persuadió que hiciéramos lo mismo.

BARDOLFO.- Y que nos frotáramos las narices con grama ruda para hacerlas sangrar; luego salpicar con esa sangre nuestros trajes y jurar que era la de los buenos viandantes. Hice lo que hacía siete años no me ocurría, me sonrojé al oír esas monstruosas imposturas.

PRÍNCIPE ENRIQUE.- ¡Bellaco! Hace diez y ocho años que te robaste un frasco de Canarias y desde ese día, sorprendido in fraganti cubre tu cara color de púrpura. Teniendo ese friego a tu disposición y a más la espada, has disparado como un gamo: ¿qué instinto te impelía?

BARDOLFO.- Milord, ¿veis estos meteoros? ¿Apercibís estas erupciones?

(Mostrando su nariz roja)

PRÍNCIPE ENRIQUE.- Las veo.

BARDOLFO.- ¿Qué pensáis que anuncian?

PRÍNCIPE ENRIQUE.- Hígado caliente y bolsa fría.

BARDOLFO.- Bilis, milord, bilis, al que es entendido.

PRÍNCIPE ENRIQUE.- No, al que es entendido, eso anuncia cuerda.

(Vuelve Falstaff)

He aquí al enclenque Jack, he aquí al esqueleto. ¿Y bien, dulce criatura inflada? ¿Cuánto tiempo hace Jack, que te viste la rodilla?

FALSTAFF.- ¿Mi rodilla? Cuando tenía tu edad, Hal, tenía el talle más delgado que la garra de un águila; habría pasado a través del anillo de un regidor. ¡La peste se lleve a las penas y suspiros! ¡Hinchan un hombre como una vejiga!... De ahí fuera traigo malas noticias; era sir John Bracy que venía de parte de vuestro padre. Necesitáis ir a la Corte por la mañana. Ese loco rematado del Norte, Percy y el otro de Gales, que le dio una paliza a Amaimón, hizo cornudo a Lucifer y obligó al Diablo a jurarle homenaje sobre la cruz de una alabarda galense... ¿Cómo diablos le llamáis?

POINS.- ¡Ah! sí, Glendower.

FALSTAFF.- Owen, Owen, el mismo; y su yerno Mortimer y el viejo Northumberland y el más despierto Escocés de todos los Escoceses, Douglas, que trepa a galope una falda de cerro perpendicular...

PRÍNCIPE ENRIQUE.- Ese que a toda carrera derriba con su pistola un pájaro volando.

FALSTAFF.- Diste en el clavo.

PRÍNCIPE ENRIQUE.- Mejor de lo que él dio en el pájaro.

FALSTAFF.- Bien, pero ese pillo tiene energía; no sabe huir.

PRÍNCIPE ENRIQUE.- ¿Y porqué entonces, bellaco, le alabas tanto su agilidad?

FALSTAFF.- A caballo, pichón mío; porque a pie, no daría un paso.

PRÍNCIPE ENRIQUE.- Por instinto, Jack.

FALSTAFF.- De acuerdo, por instinto. Bien, pues; él está en la cosa, con un tal Mordake y un millar de gorras azules. Worcester ha huido esta noche; la barba de tu padre ha blanqueado con estas noticias; podréis comprar tierras ahora tan a vil precio como pescado podrido.

PRÍNCIPE ENRIQUE.- Entonces es probable que, si el mes de Junio es caluroso y si esta gresca civil dura, podamos comprar vírgenes a centenares, como se compran los clavos.

FALSTAFF.- ¡Por la misa, chico, que tenéis razón! Seguro que vamos a hacer buen negocio en ese ramo. Pero, dime, Hal, ¿no tienes un miedo horrible? Siendo tú heredero presuntivo, ¿podría el universo oponerte tres enemigos semejantes a esa fina de Douglas, a ese furibundo Percy o a ese endemoniado Glendower? ¿No tienes un miedo horrible? ¿No se te hiela la sangre?

PRÍNCIPE ENRIQUE.- Absolutamente; necesitaría un poco de tu instinto.

FALSTAFF.- Bueno, pero mañana vas a ser horriblemente regañado cuando vayas a ver a tu padre; si me quieres, prepara al menos una respuesta.

PRÍNCIPE ENRIQUE.- Bien, haz el papel de mi padre y examina mi conducta en detalle.

FALSTAFF.- ¿Yo? Con mucho gusto: esta silla será mi trono, esta daga mi cetro y este cojín mi corona.

PRÍNCIPE ENRIQUE.- Tu trono parece una silla agujereada, tu cetro de oro una daga de plomo y tu preciosa y rica corona una lastimera calva tonsurada.

FALSTAFF.- No importa; si el friego de la gracia no está en ti completamente extinguido, ahora vas a conmoverte. Dadme una copa de vino, para tener los ojos enrojecidos, como si hubiera llorado; porque tengo que hablar con pasión, en el tono del rey Cambises.

PRÍNCIPE ENRIQUE.- Bien; he aquí mi reverencia.

FALSTAFF.- Y allá va mi discurso. ¡Rodeadme, nobleza!

POSADERA.- ¡Jesús mío! ¡Que espectáculo tan divertido!

FALSTAFF.- No llores, dulce reina, porque ese chorro de lágrimas es inútil.

POSADERA.- ¡Mirar al viejo! Que bien sostiene su dignidad.

FALSTAFF.- ¡En nombre del cielo, señores llevaos mi triste reina, porque las lágrimas obstruyen las esclusas de sus ojos!

POSADERA.- ¡Parece mentira! Recita su papel como uno de esos cómicos indecentes que he visto muchas veces.

FALSTAFF.- ¡Silencio, dama Juana! ¡A callar, Rascabuche! Harry, no solo me causan asombro los sitios donde pasas tu tiempo, sino también la compañía de que te rodeas. Porqué, si bien la camomila brota más vivaz cuanto más se la pisotea, la juventud, cuanto más se derrocha, más se consume. Que eres mi hijo, lo sé, primero, por la palabra de tu madre y luego, por mi propia opinión; pero mi principal garantía es esa horrible mueca coristalite de tu ojo y la estúpida depresión de tu labio inferior. Siendo, pues, tú mi hijo, llego al punto: ¿porqué, siendo, hijo mío, te haces así señalar con el dedo? ¿Anda acaso el bendecido hijo de los cielos vagabundeando por los campos, comiendo moras? Es una pregunta sin respuesta. ¿Debe acaso, el hijo de Inglaterra andar como un ladrón, robando bolsas? Una pregunta con respuesta. Hay una cosa, Harry, de la que habrás oído hablar a menudo y que es conocida de mucha gente en nuestro país bajo el nombre de pez; esa pez, según lo afirman antiguos escritores, ensucia; lo mismo hace la sociedad que frecuentas; porque, Harry, no te hablo ahora en la embriaguez, sino en las lágrimas, no en el placer, sino en la desesperación, no con vanas palabras, sino con el corazón herido... Sin embargo, hay en tu compañía mi hombre de bien, que he observado a menudo, pero no se como se llama.

PRÍNCIPE ENRIQUE.- ¿Qué clase de hombre es, señor, si os place?

FALSTAFF.- Por mi fe, un hombre de hermosa presencia, corpulento, aspecto alegre, mirada graciosa, noble actitud; parece tener cincuenta años, o ¡por Nuestra Señora! tal vez raye en los sesenta. Y ahora recuerdo, su nombre es Falstaff. Si ese hombre fuera un libertino, sería para mí una decepción, porque leo, Enrique, la virtud en su mirar. Sí, pues el árbol puede conocerse por el fruto y el fruto por el árbol, declaro perentoriamente que hay virtud en ese Falstaff consérvalo, destierra el resto. Dime ahora, inicuo bribón, dime, ¿dónde has estado todo este mes?

PRÍNCIPE ENRIQUE.- ¿A eso llamas hablar como un rey? Toma ahora mi parte, que yo haré la de mi padre.

FALSTAFF.- ¿Cómo, me depones? Si tienes en la palabra y en el gesto, solo la mitad de ésta mi gravedad majestuosa, que me cuelguen por los talones como una piel de conejo en un escaparate de tienda.

PRÍNCIPE ENRIQUE.- Bien, tomo asiento.

FALSTAFF.- Y aquí estoy de pie; sed jueces, compañeros.

PRÍNCIPE ENRIQUE.- Y bien, Harry, ¿de dónde venís?

FALSTAFF.- De Eastsheap, mi noble señor.

PRÍNCIPE ENRIQUE.- Las quejas que oigo contra ti son graves.

FALSTAFF.- Pardiez, milord, son falsas... ¡Ahora vais a ver como hago zalamero al joven príncipe!

PRÍNCIPE ENRIQUE.- Cómo, ¿echas votos, joven impío? En adelante no me mires más a la cara. Te has apartado violentamente del camino de la salvación. Un espíritu infernal te posee, bajo la forma de un viejo gordo; tienes por compañero un tonel humano. ¿Porqué frecuentas ese baúl de humores, esa tina de bestialidad, ese hinchado paquete de hidropesía, ese enorme barril de vino, esa maleta henchida de intestinos, ese buey gordo asado con el relleno en el vientre, ese vicio reverendo, esa iniquidad gris, ese padre rufián, esa vanidad vetusta? ¿Para qué sirve? Para catar un vino y bebérselo. ¿Para qué es útil y apto? Para trinchar un capón y devorárselo. ¿En qué es experto? En tretas y astucias. ¿En qué es astuto? En picardías. ¿En qué es pícaro? En todo. ¿En qué estimable? En nada.

FALSTAFF.- Rogaría a Vuestra Gracia que me permitiera seguirla. ¿A quién se refiere Vuestra Gracia?

PRÍNCIPE ENRIQUE.- A ese canalla abominable, corruptor de la juventud, Falstaff, ese viejo Satán de barba blanca.

FALSTAFF.- Señor, conozco al hombre.

PRÍNCIPE ENRIQUE.- Le conoces demasiado.

FALSTAFF.- Pero decir que le conozco más defectos que a mí mismo, sería decir más de lo que sé. Que sea viejo, (y es por ello más digno de lástima) lo prueba su cabello blanco; pero que sea (salvo vuestro respeto) dado a p..., lo niego redondamente. Si el vino y los dulces son pecados, Dios perdone a los pecadores. Si es un pecado ser viejo y alegre, conozco muchos viejos compañeros que están condenados; si ser gordo es ser odioso, entonces deben amarse las vacas flacas de Faraón. No, mi buen señor: destierra a Peto, destierra a Bardolfo, destierra a Poins; pero en cuanto al dulce Jack Falstaff, al gentil Jack Falstaff, al leal Jack Falstaff, al valiente Jack Falstaff, tanto más valiente cuanto que es el viejo Jack Falstaff, no le destierres, no, de la compañía de tu Enrique. ¡Desterrar al gordinflón Jack valdría desterrar al mundo entero!

PRÍNCIPE ENRIQUE.- Le destierro, así lo quiero.

(Se oye golpear a la puerta; salen la Posadera, Francis y Bardolfo)

(Vuelve Bardolfo, corriendo)

BARDOLFO.- ¡Oh, milord, milord! El Sheriff está ahí fuera con una patrulla monstruo.

FALSTAFF.- ¡Fuera de aquí, pillete! Concluyamos la pieza; tengo mucho que decir en defensa de ese Falstaff.

(Vuelve la Posadera muy aprisa)

POSADERA.- ¡Misericordia! ¡Milord! ¡Milord!

FALSTAFF.- ¡He, he! ¡El diablo cabalga sobre un arco de violín! ¿Qué es lo que hay?

POSADERA.- Ahí están fuera el Sheriff y los guardias; vienen a registrar la casa. ¿Debo dejarles entrar?

FALSTAFF.- ¿Has oído, Hal? No debemos tomar nunca una pieza falsa por una de oro verdadera; eres esencialmente loco, sin parecerlo.

PRÍNCIPE ENRIQUE.- Y tú naturalmente cobarde, sin instinto.

FALSTAFF.- *Nego majorem*. Si no quieres recibir al Sheriff, perfectamente; sí quieres, que entre; si no figuro en la última carreta tan bien como cualquiera, la peste se lleve al que me educó. Espero que una soga pueda estrangularme tan pronto como a otro.

PRÍNCIPE ENRIQUE.- Anda, ocúltate detrás de la cortina; vosotros dos arriba. Ahora, señores míos, buena cara y buena conciencia.

FALSTAFF.- Ambas cosas poseía; pero la época pasó y por consiguiente me escondo.

(Salen todos menos el Príncipe y Poins)

PRÍNCIPE ENRIQUE.- Haz entrar al Sheriff.

(Entran el Sheriff y un Carretero)

Y bien, Sheriff, ¿qué me queréis?

SHERIFF.- Desde luego, que me perdonéis, milord. La grita pública ha seguido ciertos hombres hasta esta casa.

PRÍNCIPE ENRIQUE.- ¿Qué hombres?

SHERIFF.- Uno de ellos es muy conocido, mi gracioso señor. Un hombre grueso y gordo.

CARRETERO.- Como un pan de manteca.

PRÍNCIPE ENRIQUE.- Ese hombre os lo aseguro, no está aquí; yo mismo acabo de darle una comisión; pero te doy mi palabra, Sheriff, que le enviaré mañana, antes de comer, a responder ante ti o cualquier otro, de cualquier cargo que se le haga. Ahora, permitidme os pida salgáis de esta casa.

SHERIFF.- Lo haré, milord. Hay aquí dos señores que en este robo han perdido trescientos marcos.

PRÍNCIPE ENRIQUE.- Puede que así sea. Si ha robado a esos hombres, él responderá. Ahora, adiós.

SHERIFF.- Buenas noches, mi noble señor.

PRÍNCIPE ENRIQUE.- O más bien buenos días, ¿no es así?

SHERIFF.- Es verdad, milord, porque creo que son ya las dos de la mañana.

(Salen el Sheriff y el Carretero)

PRÍNCIPE ENRIQUE.- Este oleaginoso pillo es tan conocido como la Catedral de San Pablo. Llámale.

POINS.- (Levanta la cortina que oculta a Falstafj) ¡Falstaff! Está profundamente dormido detrás de la tapicería y ronca como un caballo.

PRÍNCIPE ENRIQUE.- Oye como respira laboriosamente. Regístrale los bolsillos.

(Poins registra)

¿Qué encuentras?

POINS.- Solo algunos papeles, milord.

PRÍNCIPE ENRIQUE.- Veamos qué contienen; léelos.

POINS.- (Leyendo) Ítem, un capón 2 chelines, 2 peniques. Ítem, salsa, 4, p. Ítem vino, 5 ch. 8p. Ítem, anchoas y vino después de cenar, 2 ch. 6 p. Ítem, pan, medio penique.

PRÍNCIPE ENRIQUE.- ¡O monstruosidad! ¡Sólo medio penique de pan para esa intolerable cantidad de vino! Guarda el resto; lo leeremos más despacio; déjale dormir hasta el día. Iré a la Corte por la mañana. Iremos todos a la guerra y tendrás un puesto honorable. Procuraré a ese obeso bribón un empleo en la infantería. Estoy seguro que una marcha de trescientas yardas será su muerte. Haré restituir el dinero con usura. Ven a buscarme mañana temprano. Buen día, Poins.

POINS.- Buen día, mi buen señor.

Enrique IV: Primera parte, Acto III, Escena I

ACTO III

ESCENA I

BANGOR- Una sala en el Palacio del Archidiácono.

(Entran Hotspur, Worcester, Mortimer y Glendower)

MORTIMER.- Esas promesas son brillantes, las personas seguras y empezamos bajo felices auspicios.

HOTSPUR.- Lord Mortimer y vos, primo Glendower, ¿queréis sentaros? Y vos, tío Worcester... ¡Por mil diablos! ¡Me he olvidado del plano!

GLENDOWER.- No, aquí está. Sentaos, primo Percy, sentaos, buen primo Hotspur; porque cada vez que Lancaster oye esos nombres, sus mejillas palidecen y, lanzando un suspiro, os desearía en el cielo.

HOTSPUR.- Y a vos en el infierno, cada vez que oye hablar de Owen Glendower.

GLENDOWER.- No puedo censurarle por eso; cuando nací, la frente del cielo se llenó de figuras fulgurantes y de ardientes antorchas; el globo terráqueo, hasta su base profunda, tembló como un cobarde.

HOTSPUR. - ¡Bah! Habría hecho lo mismo, en ese momento, si la gata de vuestra madre hubiera parido, aunque vos no hubierais nacido.

GLENDOWER.- Digo que la tierra tembló cuando nací.

HOTSPUR.- Y yo digo que la tierra estaba en otra situación de ánimo que la mía, si, como suponéis, tembló de miedo de vos.

GLENDOWER.- Los cielos estaban en llamas, y la tierra tembló.

HOTSPUR.- Entonces la tierra tembló al ver los cielos en llamas y no por temor de vuestro nacimiento. La naturaleza enferma estalla a menudo en extrañas erupciones. A menudo la tierra, en dolor de parto, sufre atormentada por una especie de cólico por los vientos impetuosos, encerrados en sus entrañas, los que, buscando una salida, sacuden esta vieja comadre, la tierra, y derriban campanarios y torres cubiertas de musgo. A vuestro nacimiento, nuestra abuela la tierra sintiendo esa indisposición, entró en convulsiones.

GLENDOWER.- Primo, de muy pocos hombres soportaría esas contradicciones. Permitidme repetiros que, cuando nací, la frente del cielo se llenó de figuras fulgurantes; las cabras huían de las montañas y los rebaños llenaban de extraños clamores las espantadas llanuras. Esos signos me han hecho un hombre extraordinario; todo el curso de mi vida muestra que no estoy en la lista de los hombres comunes. ¿Dónde está, en el recinto trazado por el mar que murmura sobre las costas de Inglaterra, de Escocia y de Gales el viviente que pueda llamarme su discípulo o me haya enseñado algo? Y sin embargo, encontradme un hijo de mujer que pueda seguirme en las fastidiosas vías de la ciencia y marchar a mi lado en las más profundas experiencias.

HOTSPUR.- Creo que nadie habla mejor el caló galense... Me voy a comer.

MORTIMER.- Vamos, primo Percy, le vais a volver loco.

GLENDOWER.- Yo puedo evocar los espíritus del fondo del abismo.

HOTSPUR.- También lo puedo yo y cualquier hombre puede hacerlo; falta saber si vienen, cuando los llamáis.

GLENDOWER.- Y puedo enseñaros, primo, a ordenar al diablo.

HOTSPUR.- Y yo puedo enseñarte, primito, a humillar al diablo, diciendo la verdad. *Di la verdad y humillarás al diablo*. Si tienes el poder de evocarlo, tráelo aquí, juro que verás como le humillo. Así, en tanto que vivas, di la verdad y humillarás al diablo.

MORTIMER.- Vamos, vamos; basta de esa charla inútil.

GLENDOWER.- Tres veces Enrique, Bolingbroke afrontó mi poder; tres veces, desde las orillas del Wye y del arenoso Saverna, le puse en fuga, descalzo y batida las espaldas por lluvia tormentosa.

HOTSPUR.- ¡Descalzo y bajo un tiempo semejante! ¿Cómo diablos pudo evitar las fiebres?

GLENDOWER.- Vamos, he aquí el plano; ¿debemos dividir nuestros dominios, de acuerdo con nuestra triple convención?

MORTIMER.- El arzobispo los ha dividido en tres partes exactamente iguales. La Inglaterra, desde el Trent y el Saverna hasta aquí, al sud y al este, se me asigna por parte; todo el oeste, el país de Gales más allá del Saverna y todo el fértil territorio comprendido en ese límite, a Owen Glendower; y a vos, querido primo, todo lo que queda al norte, a partir del Trent. Ya nuestros contratos tripartitos están prontos; solo nos resta sellarlos respectivamente (operación que puede hacerse esta noche); y mañana, primo Percy, vos y yo, como mi buen señor de Worcester, marcharemos a reunirnos con vuestro padre y el ejército escocés, como hemos convenido, en Shrewsburg. Mi padre Glendower no está aun pronto y su ayuda no nos será necesaria hasta dentro de catorce días. En ese tiempo (a Glendower) habréis podido reunir vuestros arrendatarios, amigos e hidalgos de la vecindad.

GLENDOWER.- En más breve tiempo me uniré a vosotros, señores y vuestras damas irán bajo mi escolta. Es necesario que tratéis de partir pronto sin ser vistos y sin despediros de ellas; porque va a haber un diluvio de lágrimas en el momento de la separación.

HOTSPUR.- (Con un dedo sobre el plano) Me parece que mi parte, al norte del Burton, hasta aquí, no iguala en cantidad ninguna de las vuestras. Observad como este río se me viene tortuosamente y me corta, de lo mejor de toda mi tierra, una enorme media luna, un pedazo monstruoso; haré detener la corriente en este sitio y el caprichoso y argentino Trent correrá por aquí, en un nuevo canal, suave y directo. No serpenteará más, con esas entradas profundas, para arrebatarme un pedazo de suelo tan rico.

GLENDOWER.- ¿Que no serpenteará más? Lo hará, es necesario; ¿no lo veis?

MORTIMER.- Sí, pero observad como prosigue su curso y corre hacia mí en sentido inverso, para indemnizaros; me toma de mi lado tanto como tomó del vuestro.

WORCESTER.- Sí, pero con poco gasto se podría desviarla aquí y ganar todo ese cabo del lado del Norte, haciéndola correr directa o igual.

HOTSPUR.- Así lo quiero; lo haré con poco gasto.

GLENDOWER.- No quiero alteraciones.

HOTSPUR.- ¿No queréis?

GLENDOWER.- No y no lo haréis.

HOTSPUR.- ¿Y quién me lo impedirá?

GLENDOWER.- Ese seré yo.

HOTSPUR.- Permitidme que no os comprenda, decidlo en galense.

GLENDOWER.- Puedo hablar inglés, milord, tan bien como vos, porque fui educado en la Corte de Inglaterra, donde, siendo muy joven aún, compuse para el arpa y de una manera deliciosa, numerosas canciones inglesas y agregué a la lengua útiles adornos, virtud que nunca se ha visto en vos.

HOTSPUR.- ¡Pardiez! Me felicito de todo corazón. Preferiría ser un gato y aullar como tal, a ser uno de esos autores de insulsas baladas. Preferiría oír el estridente girar de un candelero, de cobre o el rechinar de una rueda seca sobre el eje; todo eso me destemplaría menos los dientes que esa poesía llena de afectación, que parece la forzada marcha a tropezones de una jaca.

GLENDOWER.- Vamos, basta, se os cambiará el curso del Trent.

HOTSPUR.- Eso no me importa; daría tres veces más de tierra a cualquier amigo que sirviera bien; pero cuando se trata de arreglos, oídlo bien, haría cuestión de la novena parte de un cabello. ¿Están los convenios prontos?

¿Podemos irnos?

GLENDOWER.- La luna brilla en toda su claridad, podéis partir de noche. Voy a apurar al escribiente y al mismo tiempo revelar a vuestras damas la partida. Temo que mi hija se vuelva loca, de tal modo está chocha con su Mortimer.

(Sale)

MORTIMER.- ¡Por Dios, primo Percy! ¡Cómo contradecís a mi padre!

HOTSPUR. - No puedo impedírmelo; a veces me exaspera hablándome del topo y de la hormiga, del encantador Merlín y de sus profecías y de un dragón y de un pescado sin aletas, de un grifo con alas recortadas, de un cuervo que muda, de un león acostado y de un gato rampante y de otras tantas bellaquerías que me ponen fuera de mí. Os diré más; la última noche me ha tenido no menos de nueve horas, enumerándome los nombres de los diversos diablos que eran sus lacayos. Yo le contestaba *¡hum! ¡está bien! ¡continuad!* pero sin prestar atención a una palabra. ¡Oh! Es tan fastidioso como un caballo cansado, una mujer maldiciente, peor que una casa ahumada. Me gustaría más vivir de queso y ajo, en un molino de viento, bien lejos, que de manjares suculentos, en la más espléndida casa de la cristiandad, si tuviera que aguantar su charla.

MORTIMER.- Por mi fe, es un dignísimo gentil hombre, perfectamente instruido o iniciado en extraños misterios; valiente como un león y maravillosamente afable; generoso como las minas de la India. ¿Debo decíroslo, primo? Tiene vuestro carácter en una alta estimación y domina su propia naturaleza cuando le contrariáis; a la verdad se domina. Os garantizo que no hay un hombre vivo que hubiera podido provocarle como lo habéis hecho, sin correr el peligro de una respuesta violenta. No lo hagáis tan a menudo, os lo ruego.

WORCESTER.- En verdad, milord, os obstináis demasiado en vuestra censura; desde que habéis llegado aquí, harto habéis hecho para hacerle perder la paciencia. Es necesario que aprendáis, milord, a corregiros de ese defecto. Aunque a veces atestigüe grandeza, valor, nobleza (y esa es la gracia más preciosa que os acuerda), a menudo también revela ímpetus coléricos, ausencia de buenas maneras, falta de dominio, orgullo, altivez, presunción y desdén; el menor de esos defectos, cuando acompaña a un gentil hombre, le enajena los corazones y mancha la belleza de todas sus virtudes, privándolas de su encanto.

HOTSPUR.- Bueno, ya estoy sermoneado. ¡Que los buenos modales os ayuden! He aquí nuestras esposas; despidámonos de ellas.

(Vuelve Glendower con ladies Mortimer y Percy)

MORTIMER.- Esta es una mortal contrariedad que me angustia; mi mujer no habla inglés ni yo galense.

GLENDOWER.- Mi hija llora; no quiere separarse de vos, quiere también ser soldado o ir a la guerra.

MORTIMER.- Mi buen padre, decidle que ella y mi tía Percy seguirán en breve, conducidas por vos.

(Glendower habla a su hija en galense y ésta le contesta en la misma lengua)

GLENDOWER.- Está desesperada; es una impertinente, terca, desvergonzada, sobre la que el razonamiento no tiene acción.

(Lady Mortimer habla a Mortimer en galense)

MORTIMER.- Comprendo tus miradas; el lindo galense que derramas de esos cielos henchidos, lo entiendo perfectamente; y, sino fuera por rubor, quisiera contestarte en el mismo idioma.

(Lady Mortimer habla besándole)

Comprendo tus besos y tú los míos y es esta una discusión bien sentida. Pero no faltaré a la dulce escuela, amor mío, hasta tanto haya aprendido tu idioma, porque tu lengua hace al galense tan suave como los bellos cantares, de tiernas modulaciones, cantadas en el laúd, por una hermosa reina, bajo un bosque de estío.

GLENDOWER.- Si os enternecéis así, la vais a volver loca.

(Lady Mortimer habla otra vez)

MORTIMER.- En esta lengua soy la ignorancia misma.

GLENDOWER.- Os pide que os tendáis sobre la estera indolente y que reposéis vuestra gentil cabeza en su regazo y ella os cantará las canciones que amáis para coronar sobre vuestros párpados el dios del sueño y sumir vuestros sentidos en deliciosa languidez, intermediaria entre la vigilia y el sueño, como el alba entre el día y la noche, a la hora en que el divino tronco comienza su ruta dorada en Oriente.

MORTIMER.- De todo corazón; me siento para oír su canción. Entre tanto, el acta estará redactada, presumo.

GLENDOWER.- Sentaos; los músicos que van a tocar para vos, se ciernen en los aires a mil leguas de aquí y no obstante, estarán aquí en el acto. Sentaos y oíd.

HOTSPUR.- Ven aquí, Kate; acostada eres perfecta. Ven, pronto, pronto, que pueda reposar mi cabeza en tus faldas.

LADY PERCY.- Ven acá, cabeza de chorlo.

(Glendower dice algunas palabras galenses y en el momento empieza la música)

HOTSPUR.- Ahora veo que el diablo comprende el galense, lo que no me asombra, siendo tan fantástico. ¡Por Nuestra Señora! es buen músico.

LADY PERCY.- Entonces tú debías ser un músico de primer orden, porque siempre te gobierna la fantasía. Estate quieto, bandido y oye el canto galense de esta lady.

HOTSPUR.- Prefiero oír a Lady, mi perra, aullar en irlandés.

LADY PERCY.- ¿Quieres que te rompa la cabeza?

HOTSPUR.- No.

LADY PERCY.- Entonces está quieto.

HOTSPUR.- Tampoco. Esta es manía de mujer.

LADY PERCY.- ¡Que Dios te guíe!

HOTSPUR.- A la cama de la dama galense.

LADY PERCY.- ¿Cómo es eso?

HOTSPUR.- Silencio; canta.

(Canción galense de lady Mortimer)

HOTSPUR.- Kate, también quiero una canción tuya.

LADY PERCY.- ¿Mía? No la tendrás, por mi fe.

HOTSPUR.- ¡No, por mi fé! Amor mío, juras como la mujer de un confitero. ¡No, por mi fe! ¡Tan cierto como que vivo! ¡Dios me perdone! ¡Tan cierto como es de día! Envuelves tus juramentos en una tela tan sedosa, que se diría que nunca te has paseado más allá de Finsbury. Jura, Kate, como una buena lady que eres, con un juramento que te llene la boca y deja los *¡a fe mía!* y otros votos de agua tibia, a los guardias con traje de terciopelo y a las burguesas domingueras. Vamos, canta.

LADY PERCY.- No quiero cantar.

HOTSPUR.- Es el mejor medio de hacerte tomar por un sastre o por un educador de pajarillos. Si los contratos están prontos, partiré antes de dos horas; ahora, ven cuando quieras.

(Sale)

GLENDOWER.- Venid, venid, lord Mortimer; sois tan lento para partir, como ardiente el fogoso lord Percy. Ya está nuestra convención redactada; no tenemos más que sellarla y luego a caballo inmediatamente.

MORTIMER.- Con toda mi alma.

(Salen.)

Enrique IV: Primera parte, Acto III, Escena II

ACTO III

ESCENA II

LONDRES- Una sala en el Palacio Real.

(Entran el Rey Enrique, el Príncipe de Gales y Señores)

REY ENRIQUE.- Dejadnos, señores; el príncipe de Gales y yo tenemos que hablar en particular; pero no os alejáis, porque pronto tendremos necesidad de vosotros.

(Salen los señores)

No sé si es por alguna falta cometida por mí, que Dios ha querido, en sus secretos designios, hacer nacer de mi sangre, el azote que debe castigarme; pero tú me haces creer, por las circunstancias de tu vida, que has sido designado para ser el instrumento de la ardiente venganza, el látigo celeste que debe caer sobre mis faltas. Dime sino cómo tan desordenados y bajos deseos, tan pobres, tan miserables, tan ínfimas, tan impuras ocupaciones, tan estériles placeres, tan soez sociedad, como aquella a que te unes y asocias, ¿cómo pueden acompañar la grandeza de tu raza y llegar al nivel de tu corazón de príncipe?

PRÍNCIPE ENRIQUE.- Si es del agrado de Vuestra Majestad, querría y podría justificarme de todas mis faltas, como estoy seguro de poder lavarme de todas las acusaciones que se lanzan contra mí. Pero permitidme que implore vuestro ánimo indulgente y cuando haya desvanecido todas las fábulas que al oído del poder necesariamente llegan, de risueños entremetidos y de viles calumniadores, pueda, por algunas faltas reales, en las que se ha extraviado mi juventud irregular, encontrar perdón en mi sumisión verdadera.

REY ENRIQUE.- ¡Dios te perdone! Pero déjame asombrarme, Harry, de tus afecciones, que toman una dirección contraria al vuelo de las de tus antepasados. Has perdido violentamente tu sitio en el Consejo, ocupado hoy por tu hermano menor y te has enajenado todos los corazones de la Corte y de los príncipes de mi sangre. Arrumadas están las esperanzas fundadas en tu porvenir y no hay alma de hombre que no profetice tu caída. Si yo hubiera sido tan pródigo de mi presencia, si me hubiera prostituido ante las miradas de los hombres, mostrándome en vil compañía, la opinión, que me levantó hasta el trono, habría permanecido fiel a mi antecesor, abandonándome a un destierro deshonroso, como un hombre sin valor y sin importancia. Haciéndome ver rara vez, no podía dar un paso, sin provocar, como los cometas, el asombro. Unos decían a sus hijos: *¡Ese es!* Otros exclamaban: *¡Dónde! ¿Cuál es Bolingbroke?* Entonces arrebataba al cielo todos los homenajes y me envolvía en tal humildad, que arrancaba la simpatía a todos los corazones, las aclamaciones y los vivas de todas las bocas, aun en presencia del rey coronado. De esa manera conservé mi prestigio siempre fresco y nuevo; mi presencia, como un traje pontifical, era siempre observada con asombro; mis apariciones, siempre brillantes, parecían fiestas y ganaban tal solemnidad por su rareza. En cuanto al andariego rey, iba de aquí a allá con insípidos bufones, espíritus extravagantes, fuegos fatuos, pronto encendidos y pronto apagados; se despojaba de su dignidad, comprometía su majestad con insensatos saltimbanquis, dejaba profanar su gran nombre con sus sarcasmos; alentaba, a despecho de su nombre, las bromas de los pajes con su risa y era el blanco de las ridículas comparaciones de cualquier lampiño. Se familiarizaba con la calle pública y se hacía feudo del populacho y como diariamente hartaba a los hombres con su presencia, estaban ahítos de miel y empezaban a perder el gusto de la dulzura, que, por poco que empalague, empalaga demasiado. Así cuando tenía ocasión de mostrarse, era como el cuclillo en Junio, que se oye sin prestarle atención. Si era visto, era con tales ojos que cansados y entorpecidos por el hábito, no le prestaban la atención extraordiriaria que se acuerda al sol de la majestad real, cuando se muestra rara vez a las miradas llenas de admiración; con ojos adormecidos, que bajaban sus párpados somnolientos ante él y le ofrecían ese aspecto sombrío que los hombres tétricos presentan a sus adversarios, tan saturados, hartos y cansados estaban de su presencia. Por ese mismo camino vas tú, Harry, porque has perdido tu prerrogativa de príncipe, en compañías que envilecen. Todos los ojos están fatigados de tu presencia banal, excepto los míos, que habrían deseado verte más y que ahora mismo, a despecho de todo, están enceguecidos por una loca ternura.

PRÍNCIPE ENRIQUE.- En el porvenir, tres veces gracioso señor, seré más digno de mí mismo.

REY ENRIQUE.- Para todo el mundo, como eres en este momento, era Ricardo, cuando vine de Francia a desembarcar en Ravenspury. Yo era entonces como es Percy ahora. ¡Ah! por mi cetro y por mi alma, tiene más títulos al poder que tú, fantasma de heredero; porque sin derecho, sin color aun de derecho, cubre de arneses los campos del reino, afronta las armadas fauces del león y sin deber a los años más que tú, guía antiguos lores y reverendos obispos a sangrientas batallas y recias luchas. ¡Qué gloria imperecedera no ha adquirido contra el famoso Douglas, cuyos altos hechos, cuyas ardientes excursiones y gran renombre en las armas, conquistaron el rango supremo entre los soldados y el título de primer capitán en todos los reinos que confiesan a Cristo! Tres veces ese Hotspur, ese Marte en pañales, ese niño guerrero, ha desbaratado las empresas del gran Douglas; le ha hecho prisionero, le ha puesto en libertad y le ha convertido en amigo, para alzar un cartel con voz profunda, que conmueve la paz y la seguridad de nuestro trono. ¿Qué dices tú de esto? ¡Percy, Northumberland, su Gracia el Arzobispo de York, Douglas, Mortimer, se coaligan contra nosotros y están levantados! ¡Pero a qué comunicarte estas noticias, a ti! ¿A que hablarte de mis adversarios, a ti, Harry, que eres el más próximo y querido de mis enemigos? ¡Tú, que tal vez cediendo al miedo servil, a una baja pasión o a un acceso de humor, combatas contra mí, a sueldo de Percy, hecho un perro a sus pies, adulando sus caprichos para mostrar hasta qué punto has degenerado!

PRÍNCIPE ENRIQUE.- No lo creáis, tal no veréis. ¡Que Dios perdone aquellos que hasta ese punto han desviado de mí la buena opinión de Vuestra Majestad! Quiero redimir todo esto sobre la cabeza de Percy y, al fin de alguna gloriosa jornada, atreverme a deciros que soy vuestro hijo; entonces vestiré un traje todo de sangre y ocultará mi cara una sangrienta máscara que, una vez lavada, se llevará mi vergüenza con ella. Y ese será el día, no importa cuando brille, en que ese mismo hijo del honor y de la fama, ese valiente Hotspur, ese caballero alabado por todos y vuestro olvidado y despreciado Harry, lleguen a encontrarse. ¡Que crezcan y se agiganten los honores sobre su casco y sobre mi cabeza redoblen las vergüenzas! Porque el tiempo vendrá en que obligaré a ese joven del Norte a cambiar toda su gloria por mis indignidades. Percy, mi buen señor, no es más que el encargado de recolectar altos hechos en mi beneficio. Y le reclamará una cuenta tan estricta, que tendrá que devolverme toda su gloria, hasta la más pequeña alabanza recibida, aunque tenga que arrancarle con la cuenta el corazón. Eso, en el nombre de Dios prometo aquí: si a Vuestra Majestad place que lo cumpla, ruégole suavice con su indulgencia generosa, las viejas heridas de mi desenfreno. Sino el fin de nuestra vida rompe todos los vínculos y quiero morir cien mil veces antes que romper en un ápice este voto.

REY ENRIQUE.- En él veo la muerte de cien mil rebeldes. Tendrás un alto puesto en la guerra y nuestra soberana confianza.

(Entra Blunt)

¿Que hay de nuevo, buen Blunt? Tus miradas revelan impaciente prisa.

BLUNT.- Como el asunto de que vengo a hablaros. Lord Mortimer de Escocia envía la nueva de que Douglas y los rebeldes ingleses se han reunido el once de este mes en Shrewsbury. Jamás más temibles y formidables fuerzas, si mantienen sus promesas en todo sentido, pusieron al Estado en más peligroso friego.

REY ENRIQUE.- El conde Westmoreland partió hoy con mi hijo Juan de Lancaster, porque ese aviso tiene ya cinco días de fecha. El miércoles próximo tú partirás, Harry; el jueves nos pondremos nosotros mismos en camino. Nuestro punto de reunión es Bridgenorth. Vos, Harry, os dirigiréis por el Glocesterdhire. Segúid el cálculo de lo que nos resta hacer, dentro de doce días estarán nuestras fuerzas reunidas en Bridgenorth. Tenemos en mano muchos y graves asuntos. Adelante, que el enemigo engrosa su esperanza con nuestra demora.

Enrique IV: Primera parte, Acto III, Escena III

ACTO III

ESCENA III

EASTCHEAP- Un cuarto en la taberna de la Cabeza del Cerdo.

(Entran Falstaff y Bardolfo)

FALSTAFF.- Bardolfo, ¿no encuentras que he aflojado indignamente después de esta última empresa? ¿No estoy disminuido? ¿No he mermado? Mira, mi piel cuelga sobre mí como el pellejo suelto de una vieja lady; estoy marchito como una manzana de invierno. Bien; quiero arrepentirme y eso súbitamente, mientras estoy aun en estado: pronto va a faltarme el corazón y entonces no tendré ya la fuerza para hacerlo. Si no he olvidado como está hecho el interior de una Iglesia, soy una piltrafa, un rocín de cervecero. ¡El interior de una Iglesia! ¡La compañía, la mala compañía ha sido mi perdición!

BARDOLFO.- Sir John, estáis tan mohíno, que no viviréis mucho tiempo.

FALSTAFF.- Eso, eso es; ven, cántame una canción de burdel, alégrame. Estaba yo tan virtuosamente dotado, cuanto es necesario a un caballero; suficientemente virtuoso; juraba poco; a los dados, jugaba no más de siete veces por semana; a p... no iba más que una vez cada cuarto.., de hora; devolver el dinero prestado, lo hice tres o cuatro veces; vivía bien y en la justa medida.., ¡y ahora llevo una vida fuera de todo orden, fuera de toda medida!

BARDOLFO.- Es porque sois tan gordo, Sir John, que necesitáis estar fuera de toda medida; fuera de toda medida razonable, Sir John.

FALSTAFF.- Reforma tu cara, yo reformaré mi vida. Tú eres nuestro almirante, tú llevas la linterna en la popa... ¡tu nariz! Eres el caballero de la lámpara ardiente.

BARDOLFO.- Vamos, Sir John, mi cara no os hace daño.

FALSTAFF.- No, te lo juro; hago tan buen uso de ella como muchos hombres hacen de una calavera, como un *memento mori*. Nunca miro tu cara sin pensar en el fuego del infierno y en el rico que vivía en la púrpura y está allí en su túnica, arde que arde. Si hubieras dado un paso en el sendero de la virtud, juraría por tu cara; mi juramento sería: ¡por ese fuego! Pero como estás absolutamente perdido, si no tuvieses la cara inflamada, serías el hijo de la más densa tiniebla. Cuando corrías en la noche, por lo alto de Gadshill para coger mi caballo, si no pensé que era un ignisfatuus o una bola de friego griego, ya no hay dinero que corra. ¡Oh! ¡eres un triunfo perpetuo, un fuego de artificio perenne! Me has ahorrado no menos de mil marcos en antorchas y faroles, andando contigo por la noche, de taberna en taberna, pero la cantidad de vino que me has bebido, me habría bastado para comprarme luces, en la velería más cara de Europa. He mantenido con fuego a esa salamandra durante treinta y dos años consecutivos; ¡el cielo me recompense!

BARDOLFO.- ¡Voto al diablo! ¡Quisiera que mi cara estuviese en tu vientre!

FALSTAFF.- ¡Misericordia! Tendrá un incendio en el corazón.

(Entra la Posadera)

Y bien, seña Partlet, ¿la gallina? ¿Habéis averiguado quien me robó los bolsillos?

POSADERA.- ¿Cómo, Sir John? ¿Qué es lo que pensáis, Sir John? ¿Creéis que tengo ladrones en mi casa? He, buscado, he averiguado, he registrado con mi marido hombre por hombre, mozo por mozo; los criados uno por uno; jamás se ha perdido ni el décimo de un cabello en esta casa.

FALSTAFF.- Mientes, posadera; Bardolfo se ha hecho afeitar y ha perdido más de un cabello. Te juro que me han desvalijado el bolsillo. Vete, eres una mujer vulgar, vete.

POSADERA.- ¿Quién, yo? Te desafio; nadie me ha hablado así hasta ahora en mi casa.

FALSTAFF.- Ve no más, te conozco lo bastante.

POSADERA.- No, Sir John; no me conocéis, Sir John; yo si que os conozco, Sir John; me debéis dinero, Sir John y ahora me buscáis camorra para entretenerme y no pagar. Os he comprado una docena de camisas a vuestro cuerpo.

FALSTAFF.- Lona, grosera lona; se las he dado a unas panaderas para que hagan cedazos con ellas.

POSADERA.- Tan cierto como que soy una verdadera mujer, eran de tela de Holanda a ocho chelines el ana. Debéis aquí además, Sir John, por la mesa, por las bebidas extra y por dinero prestado, veinte y cuatro libras.

FALSTAFF.- Ese (por Bardolfo) tuvo su parte; que os la pague.

POSADERA.- ¿Qué ha de pagar ese, si es un pobrete? No tiene nada.

FALSTAFF.- ¿Cómo, pobre? Mírale la cara; ¿que llamas rico entonces? Has acuñar su nariz, has acuñar sus cachetes. No pagaré un medio. Cómo, ¿me tomáis por un mozalbete? ¿No puedo estar tranquilo en mi posada, sin que me desvalijen el bolsillo? He perdido un anillo de mi abuelo, que valía cuarenta marcos.

POSADERA.- ¡Oh Jesús! ¡He oído al príncipe decirle, no sé cuántas veces, que el anillo era de cobre!

FALSTAFF.- ¡Bah! el príncipe es un imbécil, un rastrero; si estuviese aquí, le azotaría como a un perro, si llegase a repetirlo.

(Entran el Príncipe Enrique y Poins, a paso de marcha; Falstaff va a su encuentro haciendo el gesto de tocar la flauta en su bastón)

FALSTAFF.- ¿Qué tal, chico? ¿Soplan los vientos de ese lado? ¿Debemos marchar todos?

PRÍNCIPE ENRIQUE.- Sí, dos a dos, a la moda de Newgate.

POSADERA.- Milord, por favor, oídme.

PRÍNCIPE ENRIQUE.- ¿Qué dices, mistress Quickly? ¿Cómo va tu marido? Le quiero bien, es un hombre honrado.

POSADERA.- Mi buen señor, oídme.

FALSTAFF.- Déjala, te lo ruego y escúchame.

PRÍNCIPE ENRIQUE.- ¿Qué dices, Jack?

FALSTAFF.- La otra noche me dormí aquí, detrás de la cortina y me robaron los bolsillos; esta casa se ha convertido en un burdel y se roba a mansalva.

PRÍNCIPE ENRIQUE.- ¿Qué has perdido, Jack?

FALSTAFF.- ¿Me lo creerás, Hal? Tres o cuatro billetes de cuarenta libras y un anillo de mi abuelo.

PRÍNCIPE ENRIQUE.- Una baratija, un objeto de ocho peniques a lo sumo.

POSADERA.- Se lo he dicho, milord y le he dicho que así lo había oído decir a Vuestra Gracia y él habló de vos de una manera villana, como un indecente mal hablado que es; agregó que os habría azotado.

PRÍNCIPE ENRIQUE.- Cómo, ¿dijo eso?

POSADERA.- No hay en mí fe, ni verdad, ni sexo, si no lo dijo.

FALSTAFF.- No hay mas fe en ti que en una ciruela cocida, ni más verdad que en un zorro forzado y en cuanto al sexo, la doncella Mariana haría mejor que tú la mujer de un gendarme. ¡Vete de aquí, especie de cosa!

POSADERA.- Cómo, ¿cosa? ¿Qué cosa?

FALSTAFF.- ¿Qué cosa? Pues algo así, como un reclinatorio.

POSADERA.- Yo no soy algo así como un reclinatorio; bueno es que lo sepas, soy la mujer de un hombre de bien; y, puesta a parte tu calidad de hidalgo, eres un bellaco en darme ese nombre.

FALSTAFF.- Puesta a parte tu calidad de mujer, eres una bestia en sostener lo contrario.

POSADERA.- Dime, ¿qué bestia, grandísimo bribón?

FALSTAFF.- ¿Qué bestia? Pues una nutria.

PRÍNCIPE ENRIQUE.- ¿Una nutria, Sir John? ¿Y por qué una nutria?

FALSTAFF.- ¿Porqué? Porque no es ni carne ni pescado; un hombre no sabe por donde tomarla.

POSADERA.- Eres un hombre sin conciencia al decir eso; sabes, como todo hombre sabe, por donde tomarme, canalla.

PRÍNCIPE ENRIQUE.- Dices la verdad, posadera; te difama muy groseramente.

POSADERA.- Lo mismo hace con vos, milord; el otro día decía que le debíais mil libras.

PRÍNCIPE ENRIQUE.- Pillo, ¿te debo yo mil libras?

FALSTAFF.- ¿Mil libras, Hal? ¡Un millón! Tu amor vale más de un millón y tu me debes tu amor.

POSADERA.- Además, milord, os ha llamado imbécil y ha dicho que os iba a dar de palos.

FALSTAFF.- ¿He dicho eso, Bardolfo?

BARDOLFO.- Cierto, Sir John, que lo habéis dicho.

FALSTAFF.- Sí, pero, si él decía que mi anillo era de cobre.

PRÍNCIPE ENRIQUE.- Y lo digo, es de cobre. ¿Te atreves ahora a mantener tu palabra?

FALSTAFF.- Bien sabes, Hal, que como hombre, te me atrevo; pero, como príncipe, te temo, como al rugido del leoncino.

PRÍNCIPE ENRIQUE.- ¿Y porqué no como al del león?

FALSTAFF.- Es el rey mismo quien debe ser temido como el león. ¿Piensas acaso que voy a temerte como temo a tu padre? No, y si lo hago, pido a Dios que se me reviente el cinturón.

PRÍNCIPE ENRIQUE. - Oh, si eso sucediera, ¡como se te caerían las tripas sobre las rodillas! Pero, bribón, no hay sitio en tu panza para la fe, la verdad y la honestidad; está repleta con las tripas y el diafragma. ¡Acusar a una mujer honrada de haberte robado los bolsillos! Hijo de p..., imprudente, tunante hinchado, si había otra cosa en tu bolsillo que cuentas de taberna, direcciones de burdeles y por valor de un sueldo miserable de azúcar candi para facilitarte la pedorrera, si tus bolsillos contenían otras riquezas que esas inmundicias, soy un villano. ¡Y aun te obstinas y no quieres embolsar un desmentido! ¿No tienes vergüenza?

FALSTAFF.- ¿Puedes oírme, Hal? Tu sabes, que en estado de inocencia, Adán pecó; ¿que puede hacer el pobrecito Jack Falstaff, en estos días de corrupción? Bien ves que tengo más carne que cualquier otro hombre; por consiguiente, más fragilidad. ¿Confesáis, pues, que habéis desvalijado mis bolsillos?

PRÍNCIPE ENRIQUE.- Así parece según cuenta la historia.

FALSTAFF.- Posadera, te perdono; ve, prepara pronto el almuerzo; ama a tu marido, vigila la servidumbre, mima a tus huéspedes. Me encontrarás tratable para todo lo puesto en razón; ya lo ves, hago las paces contigo. ¿Todavía? Vamos, te lo ruego, vete.

(Sale la Posadera)

Y ahora, Hal, ¿qué noticias de la Corte? El asunto del robo, ¿que cariz ha tomado?

PRÍNCIPE ENRIQUE.- Oh, mi querido roastbeef, ¡siempre seré tu buen ángel! Se ha devuelto el dinero.

FALSTAFF.- No me gustan esas restituciones, es una doble tarea.

PRÍNCIPE ENRIQUE.- Nos hemos hecho amigos con mi padre y puedo lo que quiera.

FALSTAFF.- Comienza por robarte la caja real, hazlo sin lavarte las manos.

BARDOLFO.- Hacedlo, milord.

PRÍNCIPE ENRIQUE.- Te he procurado, Jack, un puesto en la infantería.

FALSTAFF.- Lo habría preferido en la caballería. ¿Dónde podré encontrar un hombre que sepa robar como es debido? Lo que es de un ladrón fino, de veintidós años, poco más o menos, me encuentro atrozmente desprovisto. Bueno, Dios sea loado por enviarnos esos rebeldes que solo atacan a la gente virtuosa; los aplaudo y les estoy reconocido.

PRÍNCIPE ENRIQUE.- ¡Bardolfo!

BARDOLFO.- ¿Milord?

PRÍNCIPE ENRIQUE.- Lleva esta carta a lord Juan de Lancaster, a mi hermano Juan; ésta a milord Westmoreland. Vamos, Poins, ¡a caballo, a caballo! Porque tú y yo tenemos que galopar treinta millas antes de comer. Jack, ven a encontrarme mañana en Temple-Hall, a las dos de la tarde; allí sabrás cuál es tu empleo y recibirás dinero y órdenes para la provisión de tus hombres. La tierra arde y Percy está en la cumbre. O ellos o nosotros rodarán por el suelo.

(Salen el Príncipe, Poins y Bardolfo)

FALSTAFF.- ¡Grandes palabras! ¡Magno mundo! Posadera, mi almuerzo. Vamos. Quisiera que esta taberna fuera mi tambor.

(Sale)

Enrique IV: Primera parte, Acto IV, Escena I

ACTO IV

ESCENA I

El campamento de los rebeldes cerca de Shrewsbury.

(Entran Hotspur, Worcester y Douglas)

HOTSPUR.- Bien dicho, mi noble escocés; si hablar verdad, en estos tiempos refinados, no se tomara por lisonja, tales alabanzas daría a Douglas, que el más aguerrido soldado de esta época, no tendría fama más vasta en el mundo. ¡Por los cielos, no sé lisonjear! Desprecio las lenguas de adulones; pero mejor sitio, en el amor de mi alma, nadie lo tiene como vos. Ahora, cogedme la palabra y ponedme a prueba, milord.

DOUGLAS.- Eres el rey del honor. Ningún hombre tan poderoso respira sobre la tierra, que no le afronte.

HOTSPUR.- Hacedlo así y todo irá bien.

(Entra un mensajero con cartas)

¿Qué cartas traes ahí?- No puedo menos que agradecéroslo.

MENSAJERO.- Estas cartas son de vuestro padre.

HOTSPUR.- ¿Cartas suyas? ¿Porqué no viene él mismo?

MENSAJERO.- No puede venir, milord; está gravemente enfermo.

HOTSPUR.- ¡Pardiez! ¿Como, tiene la holganza de enfermarse, en la hora del choque? ¿Quién conduce sus tropas? ¿Bajo qué mando vienen?

MENSAJERO.- Esas cartas os informarán de sus intenciones, no yo, milord.

HOTSPUR.- Dime, te lo ruego, ¿guarda cama?

MENSAJERO.- Hacía cuatro días que la guardaba, milord, cuando me puse en camino. Y hasta el momento de mi partida, los médicos estaban muy inquietos por él.

WORCESTER.- A la verdad, habría deseado ver nuestras cosas en buen estado, antes que la enfermedad le visitase. Nunca como ahora fue su salud tan preciosa.

HOTSPUR.- ¡Enfermo ahora! ¡Desfallecer en este momento! Esa enfermedad infecciona la sangre vital misma de nuestra empresa, llega hasta nosotros, hasta nuestro campamento. Me escribe aquí que su enfermedad es interna, que sus amigos no podrían ser reunidos por otro con la rapidez necesaria y que no ha juzgado conveniente confiar una misión tan delicada y ardua a otra autoridad que la suya. Sin embargo, nos envía el atrevido consejo de ensayar, con nuestras pocas fuerzas reunidas, de ver como está la Fortuna dispuesta hacia nosotros. Por que, escribe, ya no es tiempo de retroceder, estando el rey en el secreto de todos nuestros planes. ¿Qué decís de esto?

WORCESTER.- La enfermedad de vuestro padre es una mutilación para nosotros.

HOTSPUR.- Una cuchillada peligrosa, un verdadero miembro amputado. Y sin embargo, no, por mi fe. La necesidad de su presencia parece menor que lo que la creemos. ¿Será bueno arriesgar la fortuna de todos nuestros estados en un solo golpe? ¿Jugar tan rica presa al vidrioso azar de una hora incierta? No creo, convenga; porque pondríamos en evidencia el fondo mismo y el alma de nuestras esperanzas, el límite, el más lejano término de todas nuestras fortunas.

DOUGLAS.- En verdad, así sería; mientras que aun tenemos una buena reserva, podemos gastar audazmente en la esperanza de lo que nos reserva el porvenir. Tenemos aquí la viva certidumbre de una buena retirada.

HOTSPUR.- Un lugar de cita, un sitio de retiro, si el diablo y la mala suerte amenazan la virginidad de nuestra empresa.

WORCESTER.- Habría deseado, sin embargo, que vuestro padre estuviese aquí. La calidad y el carácter delicado de nuestra empresa no admite, ni apariencias de desunión; se pensará por algunos, que no conocen la causa de su ausencia, que la prudencia, la lealtad o simple antipatía a nuestra conducta, tienen al conde alejado. Pensad hasta qué punto esa aprehensión puede contener el ímpetu de una facción temerosa y poner en peligro nuestra causa. Bien sabéis que nosotros, la parte ofensiva, debemos alejar todo examen minucioso y tapar todos los claros, todas las aberturas a través de los que la mirada de la razón pueda acecharnos. Esta ausencia de vuestro padre es una cortina impenetrable, que suministra al ignorante un nuevo motivo de temor, en el que antes no soñó.

HOTSPUR.- Vais demasiado lejos. Más bien creo que esa ausencia producirá este efecto: dará a nuestra empresa mayor brillo, mayor autoridad, más prestigio heroico, que si el conde estuviera aquí. Porque la gente pensará que si nosotros, sin su ayuda, podemos hacer frente a toda la monarquía, con su concurso estamos seguros de dar la vuelta de arriba a abajo. Así, todo va bien, nuestros miembros aun están intactos.

DOUGLAS.- Sí, como lo anhela el corazón; en la lengua que se habla en Escocia, la palabra temor no existe.

(Entra Sir Ricardo Vernon)

HOTSPUR.- ¡Mi primo Vernon! ¡Bienvenido, por mi alma!

VERNON.- ¡Ojalá que mis noticias merecieran esa bienvenida, milord! El conde de Westmoreland, con siete mil hombres, marcha contra nosotros; el príncipe Juan viene con él.

HOTSPUR.- No veo daño en ello; ¿qué más?

VERNON.- He sabido, además, que el rey en persona se ha puesto en movimiento o se dispone a venir aquí rápidamente, con fuerzas poderosas.

HOTSPUR.- También será él bienvenido. ¿Dónde está su hijo, ese príncipe de Gales de pies ligeros y cabeza loca, y sus camaradas, que se burlan del mundo entero y le ordenan girar a su alrededor?

VERNON.- Todos equipados, todos en armas, todos emplumados como avestruces, a los que el viento da alas, agitándose como las águilas que acaban de bañarse, relampagueando como imágenes, en sus doradas cotas de malla, llenos de vigor como el mes de Mayo, esplendorosos como el sol en pleno verano, retozones como cabrillas, salvajes como toros. He visto al joven Harry, calada la visera, armado de todas armas, alzarse del suelo como un Mercurio alado y saltar a caballo con tal soltura, que parecía un ángel bajado de las nubes, para dominar y guiar un fiero Pegaso y maravillar al mundo con su noble destreza.

HOTSPUR.- ¡Basta, basta! Peor que el sol de Marzo, ese elogio engendra la fiebre. ¡Dejarles venir! Llegarán ataviados como víctimas que ofreceremos sangrientas y calientes, a la ardorosa virgen de la guerra humeante. ¡Marte, cubierto de hierro, sentado sobre su trono, nadará en sangre hasta las orejas! Estoy en ascuas, cuando oigo hablar de esa presa tan próxima y que, aun no nos pertenece. Vamos, dejadme tomar mi caballo, que me lanzará, como el rayo, contra el pecho del príncipe de Gales. Harry contra Harry, corcel contra corcel, vamos a encontrarnos y no nos separemos hasta que uno de ellos deje caer un cadáver. ¡Oh! ¡que Glendower no haya llegado aún!

VERNON.- Hay más noticias; he sabido en Worcester al pasar a caballo, que no podrá reunir sus fuerzas antes de dos semanas.

DOUGLAS.- Es esa la peor de las noticias que he oído.

WORCESTER.- A fe mía, tiene un sonido glacial.

HOTSPUR.- ¿A cuánto asciende el total de las fuerzas del rey?

VERNON.- A treinta mil hombres.

HOTSPUR. - Pongamos cuarenta mil; estando ausentes mi padre y Glendower, nuestras fuerzas propias pueden bastar para la gran jornada. Vamos a revistarlas rápidamente. El día del juicio está próximo; si hay que morir, muramos alegremente.

DOUGLAS.- No hables de muerte; por seis meses aún, no temo a la muerte ni sus golpes.

Enrique IV: Primera parte, Acto IV, Escena II

ACTO IV
ESCENA II

Un camino real cerca de Coventry.

(Entran Falstaff y Bardolfo)

FALSTAFF.- Bardolfo, adelántate hasta Coventry; lléname un buen frasco de Canarias; nuestros soldados atravesarán la ciudad; iremos esta noche a Sutton-Colfield.

BARDOLFO.- ¿Queréis darme dinero, capitán?

FALSTAFF.- Gasta, gasta.

BARDOLFO.- El frasco lleno costará un ángel.

FALSTAFF.- Si es así, tómalo por tu trabajo; si cuesta veinte, tómalos todos, que yo respondo de las finanzas. Di a mi teniente Peto que se me reúna al extremo de la ciudad.

BARDOLFO.- Bien, capitán; adiós.

(Se va)

FALSTAFF.- Si no estoy avergonzado de mis soldados, soy un arengue en escabeche. He hecho un uso abominable de la leva del rey. He recibido unas trescientas y tantas libras para personeros de ciento cincuenta soldados. No me dirigía sino a los sólidos propietarios, a los hijos de labradores acomodados; busco bachilleres novios, cuyas amonestaciones se han publicado dos veces, especie de pillos sibaritas que preferirían oír al diablo que a un tambor, que se espantan más de la detonación de un arcabuz que una ave asustada o un pato silvestre herido: No recluto sino buenos comedores de tostadas con manteca, con un corazón no mayor que una cabeza de alfiler; todos se han rescatado del servicio. Ahora toda mi tropa se compone de portaestandartes, caporales, tenientes, oficiales de compañía, pordioseros tan harapientos como aquel Lázaro en tapicería, cuyas llagas lamen los perros del glotón; gentes que, a la verdad, jamás fueron soldados, sino criados, pillos despedidos, hijos segundos de segundos hijos, mozos de taberna escapados, posaderos fallidos; los chancros de una sociedad tranquila y una paz prolongada, diez veces más andrajosos que una vieja insignia remendada. Tal es la gente que tengo para reemplazar a los que se rescataron del servicio; al verlos, pensaréis que son ciento cincuenta hijos pródigos en harapos, que acaban de llegar de cuidar cerdos y de compartir con éstos las bellotas y las escorias. Un sarcástico que me encontró en el camino, me dijo que había descargado todas las horcas y reclutado cadáveres. Jamás se vieron tales espantajos. Claro está que yo no atravieso Coventry con ellos. Luego, todos estos malandrines caminan con las piernas apartadas, como si aun tuvieran los grillos en los pies; porque la verdad es que, a la mayor parte de ellos, les he sacado de la cárcel. No hay más que una camisa y media en toda mi compañía; la media camisa está hecha de dos servilletas, cosidas juntas y echadas sobre los hombros como la túnica sin mangas de un heraldo. La camisa, para ser verídico, fue robada al hostelero de Saint-Alban o al hombre de roja nariz que dirige la posada de Daintry, pero eso no importa; encontrarán ropa blanca de sobra sobre los cercos.

(Entran el príncipe Enrique y Westmoreland)

PRÍNCIPE ENRIQUE.- ¿Qué tal, hinchado Jack? ¿Qué tal, colchón?

FALSTAFF.- ¡Hola, Hal! ¿Qué tal, loquillo? ¿Qué diablos haces en el condado de Warwick? Mi buen lord Westmoreland, imploro vuestra gracia; creía que Vuestro Honor se encontrara ya en Shrewsbury.

WESTMORELAND.- A fe mía, Sir John, ya es más que tiempo de encontrarme allí y vos también; pero ya están allí mis tropas. El rey, puedo asegurarlo, cuenta con todos nosotros; debemos marchar toda la noche.

FALSTAFF.- No os inquietéis por mí; soy vigilante como el gato que acecha la crema.

PRÍNCIPE ENRIQUE.- ¿Qué acecha la crema? Lo creo en verdad, por que a fuerza de robar crema, te has convertido en manteca. Pero, dime, Jack, ¿a quién pertenecen esos hombres que vienen detrás?

FALSTAFF.- ¡Míos, Hal, míos!

PRÍNCIPE ENRIQUE.- Nunca vi chusma más miserable.

FALSTAFF.- ¡Bah, bah! Excelentes para ser ensartados, ¡carne de cañón, carne de cañón! Llenarán un foso tan bien como los mejores. ¡Eh! caro mío, ¡hombres mortales, hombres mortales!

WESTMORELAND.- Sí, pero me parece que estos, Sir John, están excesivamente tísicos y consumidos, demasiado mezquinos.

FALSTAFF.- En cuanto a la consunción, no sé donde la han tomado y en cuanto a la tisis, estoy seguro que no se les ha pegado de mí.

PRÍNCIPE ENRIQUE.- ¡Oh, no! ¡Lo juraría! A menos que llames tisis a tres dedos de grasa sobre las costillas. Pero apresúrate, compadre; Pero, está ya en campaña.

FALSTAFF.- Cómo, ¿ya ha acampado el rey?

WESTMORELAND.- Ciertamente, Sir John; temo que estemos retardados.

FALSTAFF.- Bien; el final de un combate y el principio de un banquete, convienen a un flojo soldado y a un voraz comensal.

Enrique IV: Primera parte, Acto IV, Escena III

ACTO IV

ESCENA III

El campamento de los rebeldes, cerca de Shrewsbury. (Entran Hotspur, Worcester, Douglas y Vernon)

HOTSPUR.- Esta noche daremos la batalla.

WORCESTER.- No puede ser.

DOUGLAS.- Entonces les daréis ventaja.

VERNON.- Absolutamente.

HOTSPUR.- ¿Cómo podéis afirmarlo? ¿No espera acaso refuerzos?

VERNON.- También nosotros.

HOTSPUR.- Los suyos son seguros, los nuestros dudosos.

WORCESTER.- Mi buen primo, sed prudente; no comprometáis la acción esta noche.

VERNON.- No lo hagáis, milord.

DOUGLAS.- No es bueno vuestro consejo; la frialdad del corazón y el miedo lo dictan.

VERNON.- No me calumnies, Douglas; por mi vida (y con mi vida mantendré lo que digo), cuando el honor bien entendido me lo ordena, no presto más oído al consejo del miedo y la debilidad, que vos, milord, o que cualquier escocés viviente. Mañana veremos en la batalla quien de nosotros tiene miedo.

DOUGLAS.- Sí, o esta noche.

VERNON.- Sea.

HOTSPUR.- Esta noche, digo.

VERNON.- Vamos, vamos, eso no puede ser. Me asombra en extremo que vosotros, hombres, de alta dirección, no veáis los obstáculos que se oponen a nuestra empresa. Los jinetes de mi primo Vernon no han llegado aun y los de vuestro tío Worcester sólo han llegado hoy y por el momento el brío y el vigor de los caballos están adormecidos, su energía abatida y amortiguada por la fatiga, y no hay ninguno de ellos que no haya perdido las tres cuartas partes de su valor.

HOTSPUR.- Lo mismo están los caballos del enemigo, agotados, agobiados por la fatiga; la mejor parte de los nuestros están completamente reposados.

WORCESTER.- Las tropas del rey exceden a las nuestras. ¡En nombre del cielo! aguardad que lleguen todas las que esperamos.

(Suena una trompeta anunciando parlamentario)

(Entra Sir Walter Blunt)

BLUNT.- Vengo con generosos ofrecimientos de parte del rey; dignaos oírme y prestarme atención.

HOTSPUR.- ¡Bien venido, Sir Walter Blunt! ¡Quisiera Dios que estuvierais de nuestro lado! Muchos de entre nosotros os quieren bien y esos mismos envidian vuestros grandes merecimientos y buen nombre, porque no estáis en nuestras filas y os volvéis contra nosotros como enemigo.

BLUNT.- ¡Dios impida que cambie de actitud, en tanto que vosotros, fuera de los límites del verdadero deber, os mantengáis en contra de la Sagrada Majestad! Pero, a mi objeto. El rey me envía a conocer la naturaleza de vuestras quejas y la causa que os hace conjurar, del seno de la paz pública, estas osadas hostilidades, enseñando a su leal pueblo, tan cruel audacia. Si el rey ha desconocido en alguna manera vuestros servicios, que reconoce considerables, os pide que formuléis vuestras reclamaciones y en el acto obtendréis plena satisfacción con usura y el perdón absoluto para vosotros y para aquellos que vuestras sugestiones extraviaron.

HOTSPUR.- Es mucha bondad la del rey; el rey, todos los sabemos, sabe cuando debe prometer y cuando pagar. Mi padre, mi tío y yo mismo, le hemos dado la diadema que lleva. Cuando no tenía más de veinte y seis años, comprometido en el concepto del mundo, mísero y caído, pobre proscrito ignorado volviendo a hurtadillas a su país, mi padre le dio la bienvenida en la costa; y cuando le oyó jurar ante Dios, que venía solo por el ducado de Lancaster a reclamar su herencia y pedir la paz, con lágrimas de inocencia y protestas de abnegación, mi padre, movido por la piedad y conmovido en el alma, juró prestarle ayuda y mantuvo su palabra. Desde que los lores y los varones del reino se apercibieron de que Northumberland inclinaba en su favor, grandes y pequeños vinieron a él, sombrero en mano y rodilla en tierra, salieron a su encuentro en las ciudades, villas y aldeas, le escoltaron en los puentes, le esperaron en las callejuelas, depusieron sus presentes a sus pies, le prestaron juramento, le dieron sus herederos para pajes, siguieron todos sus pasos en dorada multitud. Él, ahora, tan pronto como pudo reconocer su propia fuerza, se sobrepone a la promesa que hizo a mi padre, cuando era un pobre aventurero, en la desierta playa de Ravenspurg. Pretende, pardiez, reformar ciertos edictos, ciertos decretos rígidos, que pesan gravemente sobre la comunidad, grita contra los abusos, finge llorar sobre los males de la patria y, bajo esa máscara, bajo ese aparente aspecto de justicia, quiere ganar los corazones de todos los que quiere pescar. Ha ido más lejos, ha cortado la cabeza a todos los favoritos que el rey ausente había dejado como tenientes tras él, cuando en persona hacía la guerra en Irlanda.

BLUNT.- ¡Ta, ta! No he venido a oír eso.

HOTSPUR.- Voy, pues, al grano. Poco tiempo después, depuso al rey y, sin mucho tardar, le quitó la vida. Al mismo tiempo gravó con impuestos a todo el Estado. Para ir de peor en peor, permitió que su primo March (quien sería, si cada uno ocupara su sitio, su verdadero rey), fuera puesto en prisión en el país de Gales y fuera allí abandonado sin rescate. Me humilló en mis felices victorias, trató de enredarme en sus astutos manejos, arrojó a mi tío de la Cámara del Consejo, desterró rabioso a mi padre de la Corte, rompió juramento tras juramento, cometió error sobre error y por fin, nos obligó a buscar esta puerta de salvación y discutir además la justicia de su título, que encontramos demasiado doloso para ser durable.

BLUNT.- ¿Debo llevar esta respuesta al rey?

HOTSPUR.- No así, Sir Walter, vamos primero a conferenciar entre nosotros. Volved al lado del rey; que nos empeñe alguna garantía por la seguridad de nuestro mensajero y mañana temprano mi tío le llevará nuestras intenciones. Ahora, adiós.

BLUNT.- Deseo que aceptéis un ofrecimiento de gracia y afección.

HOTSPUR.- Y tal vez lo aceptemos.

BLUNT.- ¡Quiéralo el cielo!

Enrique IV: Primera parte, Acto IV, Escena IV

ACTO IV

ESCENA IV

YORK- Un cuarto en el palacio Arzobispal.

(Entra el Arzobispo de York y un caballero.)

ARZOBISPO.- Daos prisa, mi buen Sir Michael, llevad esta carta sellada, con alada premura, al lord Mariscal; ésta a mi primo Scroop y las demás a su dirección; si supierais la importancia que tienen, os apresuraríais.

CABALLERO.- Adivino su contenido, mi buen lord.

ARZOBISPO.- Es muy probable. Mañana, buen Sir Michael, es el día en que la fortuna de diez mil hombres va a jugar la suerte suprema. Porque mañana, en Shrewsbury, según los datos exactos que he recibido, el rey, al frente de un poderoso ejército formado a toda prisa, se encontrará con lord Harry; y temo, Sir Michael, que, con la enfermedad de lord Northumberland (cuyas fuerzas eran el contingente más considerable) y con la ausencia de Owen Glendower, que habría prestado poderoso auxilio y que no ha acudido, dominado por ciertas profecías, temo, repito, que el ejército de Percy sea demasiado débil para sostener una lucha inmediata con el del rey.

CABALLERO.- Y bien, mi buen lord, nada debéis temer. Ahí están Douglas y Mortimer.

ARZOBISPO.- No, Mortimer no está.

CABALLERO.- Pero ahí están Mordake, Vernon, lord Harry Percy, ahí está milord Worcester y un grupo selecto de nobles caballeros, de valientes guerreros.

ARZOBISPO.- Es así; pero por su parte, el rey ha reunido la flor de los gentiles hombres de todo el reino, el Príncipe de Gales, lord Juan de Lancaster, el noble Westmoreland, el belicoso Blunt y muchos otros combatientes, sus émulos, hombres muy estimados por su experielicia y autoridad militar.

CABALLERO.- No dudéis, milord, que encontrarán dignos adversarios.

ARZOBISPO.- No espero menos, pero es útil desconfiar; así, para prever lo peor, Sir Michael, apresuraos. Porque si lord Percy no triunfa, el rey, antes de licenciar sus fuerzas, piensa visitarnos, informado como está de nuestra confederación y nada es más prudente que fortificarnos contra él. Por lo tanto, daos prisa; aun debo ir a escribir a otros amigos. Ahora, Dios os guarde, Sir Michael.

(Parten de opuesto lado)

Enrique IV: Primera parte, Acto V, Escena I

ACTO V

ESCENA I

El campamento del Rey cerca de Shrewsbury.

(Entran el rey Enrique, príncipe Enrique, príncipe Juan de Lancaster, Sir Walter Blunt y Sir John Falstaff).

REY ENRIQUE.- ¡Cuan sangriento aparece el sol, allá tras la boscosa colina! El día empalidece ante esa perturbadora aparición.

PRÍNCIPE ENRIQUE.- El viento del Sud sirve de trompeta a sus propósitos y en su ronco silbar entre las hojas, anuncia una tormenta y un día borrascoso.

REY ENRIQUE.- Que simpatice, pues, con los vencidos, porque nada aparece sombrío a los que triunfan.

(Trompeta. Entran Worcester y Vernon)

¿Sois vos, milord de Worcester? Es bien triste que nos encontremos, vos y yo, en semejantes circunstancias. Habéis engañado nuestra confianza y nos habéis obligado a despojarnos de nuestros cómodos trajes de paz y comprimir nuestros viejos miembros entre ásperas mallas de acero. Eso es bien triste, milord, bien triste. ¿Qué respondéis? ¿Queréis de nuevo desatar el nudo brutal de una guerra odiosa? ¿Queréis de nuevo moveros en aquella órbita de obediencia, donde resplandecíais con tan puro y legítimo brillo? ¿No ser ya un extraviado meteoro, prodigio de espanto, presagio de siniestras calamidades para los tiempos aun no nacidos?

WORCESTER.- Oídme, mi señor; por mi parte habría sido muy feliz en poder transcurrir en horas tranquilas la última parte de mi vida, porque protesto que no he buscado este día de discordia.

REY ENRIQUE.- ¿Qué no lo habéis buscado? ¿Cómo ha venido, pues?

FALSTAFF.- La rebelión estaba en su camino y él la encontró.

PRÍNCIPE ENRIQUE.- Silencio, lechuza, silencio.

WORCESTER.- Plugo a Vuestra Majestad desviar de mí y de toda nuestra casa sus miradas benevolentes y sin embargo, debo recordároslo, milord, fuimos los primeros y más abnegados de vuestros amigos. Por vos, rompí mi vara de mando en tiempo de Ricardo; corrí día y noche para ir a vuestro encuentro y besaros la mano, cuando, por la posición y el crédito erais menos poderoso y afortunado que yo. Fuimos yo mismo, mi hermano y su hijo, que os volvimos a vuestro hogar, afrontando ardientemente los peligros del momento. Nos jurasteis entonces o hicisteis ese juramento en Doncaster que no meditabais nada contra el Estado, que no reclamabais más que vuestros derechos, recién trasmitidos, a la herencia de Gante, el ducado de Lancaster; para eso os juramos nuestra ayuda. Pero en poco tiempo, la fortuna hizo llover liberalmente sus favores sobre vuestra cabeza y tal ola de prosperidad cayó sobre vos, que, con nuestro auxilio, con la ausencia del rey, con los abusos de una época corrompida, los sufrimientos que en apariencia habíais padecido y los vientos contrarios que retuvieron al rey tanto tiempo en su desgraciada guerra de Irlanda, que todos en Inglaterra le creyeron muerto, con todo ese enjambre de ventajas brillantes, tomasteis ocasión para haceros rogar a toda prisa, de asir el poder con vuestras manos. Olvidasteis el juramento que nos habíais hecho en Doncaster; elevado por nosotros, nos destruisteis el nido, como suele hacer el cuclillo ingrato con el gorrión. A tanta altura rayó vuestra altivez, nutrida por nosotros mismos, que hasta nuestro mismo afecto no osaba presentarse ante vos, por temor de ser devorado; nos vimos forzados, en busca de seguridad, de recurrir a la alada fuga, lejos de vuestra vista y organizar esta resistencia. En adelante, nos dan fuerzas las armas que vos mismos forjasteis contra vos, por vuestros inicuos procederes, vuestra actitud temible y la violación de toda la fe, de todos los juramentos que nos hicisteis en el albor de vuestra empresa.

REY ENRIQUE.- Todas esas cosas las habéis ya propalado, proclamado en las encrucijadas de los mercados, leído en las iglesias, para dar brillo al traje de la rebelión con algunos hermosos colores que encanten los ojos de los hombres volubles, de esos pobres descontentos que se quedan boqui-abiertas y se frotan las manos, a la noticia de cualquiera innovación tumultuosa. Nunca faltaron a la insurrección esos mentidos colores para decorar su causa, ni de canalla turbulenta, hambrienta de épocas de revueltas, confusión y estrago.

PRÍNCIPE ENRIQUE.- En ambos ejércitos hay más de un alma que bien caro pagará el encuentro si una vez vienen a las manos. Decid a vuestro sobrino que el príncipe de Gales une su voz a la del mundo entero para alabar a Harry Percy. Por mi esperanza- y puesta a un lado la actual empresa- no creo exista hoy un caballero más bravo, de más activo valor o de valor más juvenil, más audaz, más arrojado, más capaz de engalanar esta época con nobles acciones. Por mi parte y puedo decirlo para mi vergüenza, he sido infiel a la caballería; así, según he oído, piensa él de mí. No obstante, declaro ante la majestad de mi padre, que consiento en que tome la ventaja de su gran nombre y reputación y quiero, para ahorrar la sangre de ambos lados, probar fortuna con él en un combate singular.

REY ENRIQUE.- Y nosotros, príncipe de Gales, no titubeamos en arriesgarte en esa lucha, aunque infinitas consideraciones se opongan... No, buen Worcester, no; amamos nuestro pueblo, amamos hasta los que se han desvariado en el partido de vuestro sobrino y si aceptan el ofrecimiento de nuestra gracia, él, ellos, vos, todos serán mis amigos nuevamente y yo el vuestro; decidlo así a vuestro sobrino y traedme respuesta de lo que piensa hacer; pero si no cede, la represión y el temible castigo están a nuestro mandato y harán su oficio. Con esto, partid; no queremos ser más fastidiosos con réplicas; el ofrecimiento que hacemos es generoso, aceptadlo cuerdamente.

(Parten Worcester y Vernon)

PRÍNCIPE ENRIQUE.- ¡Por mi vida! no será aceptado. Douglas y Hotspur juntos, harían frente confiados a todo el universo en armas.

REY ENRIQUE.- ¡Ahora, a la acción! Cada jefe a su puesto, porque, así que contesten, caeremos sobre ellos. Que Dios nos proteja, como nuestra causa es justa.

(Salen el Rey, Blunt y el príncipe Juan)

FALSTAFF.- Hal, si me ves caer en la batalla, cúbreme con tu cuerpo; es un servicio de amigo.

PRÍNCIPE ENRIQUE.- Solo un coloso podría prestarte ese servicio. Di tus oraciones y adiós.

FALSTAFF.- Quisiera que fuera hora de acostarse, Hal y todo anduviera bien.

PRÍNCIPE ENRIQUE.- ¡Bah! Debes a Dios una muerte.

(Sale)

FALSTAFF.- La letra no ha vencido aún; me repugnaría pagarla antes del término. ¿Qué necesidad tengo de salirle al paso a quien no me llama? Vamos, eso no importa, el honor me aguijonea. Sí, pero ¿si el honor, empujándome hacia adelante, me empuja al otro mundo? ¿Y luego? ¿Puede el honor reponerme una pierna? No. ¿O un brazo? No. ¿O suprimir el dolor de una herida? No. ¿El honor no es diestro en cirugía? No. ¿Qué es el honor? Un soplo. ¡Hermosa compensación ¿Quién lo obtiene? El que se murió el miércoles pasado. ¿Lo siente? No. ¿Lo oye? Tampoco. ¿Es entonces cosa insensible? Sí, para los muertos. Pero ¿puede vivir con los vivos? No. ¿Por qué? La maledicencia no lo permite. Por consiguiente, no quiero saber nada con él; el Honor es un mero escudo funerario y así concluye mi catecismo.

(Sale)

Enrique IV: Primera parte, Acto V, Escena II

ACTO V

ESCENA II

El campamento de los rebeldes.

(Entran Worcester y Vernon)

WORCESTER.- No, Sir Ricardo, mi sobrino no debe conocer el liberal y generoso ofrecimiento del Rey.

VERNON.- Sería mejor que lo conociese.

WORCESTER.- Entonces todos estamos perdidos. No es posible, no puede ser, que el rey mantenga su palabra de amarnos. Tendrá siempre sospecha de nosotros y encontrará la ocasión de castigar esta ofensa en otras faltas. La suspición tendrá abiertos siempre sobre nosotros sus innumerables ojos, porque la traición no es más creída que el zorro, que, por más domesticado, encerrado y cuidado que sea, tendrá siempre la salvaje astucia de raza. Tengamos triste o alegre el aspecto, la cavilosidad lo interpretará mal y nos encontraremos en la situación de los bueyes en el establo, que cuanto mejor cuidados están, tanto más próxima es su muerte. La trasgresión de mi sobrino podrá ser fácilmente olvidada, teniendo por excusa la juventud y el calor de la sangre y el apodo privilegiado de Hotspur el aturdido, gobernado por sus ímpetus. Todas sus ofensas caerán sobre mí cabeza y sobre la de su padre; nosotros le hemos educado y, puesto que de nosotros ha adquirido su corrupción, nosotros, fuente de todo, pagaremos por todos. Así, pues, buen primo, ni hagáis conocer a Harry, en ningún caso, el ofrecimiento del rey.

VERNON.- Decidle lo que queráis; repetiré lo mismo. Aquí viene vuestro primo.

(Entran Hotspur y Douglas, seguidos de oficiales y soldados)

HOTSPUR.- Mi tío está de vuelta; que se ponga en libertad a milord Westmoreland. Tío, ¿qué noticias?

WORCESTER.- El rey va a daros batalla inmediatamente.

DOUGLAS.- Que lord Westmoreland le lleve nuestro cartel.

HOTSPUR.- Lord Douglas, id vos mismo a encargarle de esa comisión.

DOUGLAS.- Con gran placer y en el acto.

(Sale)

WORCESTER.- No hay en el rey ni sombra de clemencia.

HOTSPUR.- ¿Acaso la habéis pedido? ¡No lo quiera Dios!

WORCESTER.- Le hablé respetuosamente de nuestras quejas, de su juramento quebrantado. Para corregir sus yerros, de nuevo perjura lo que juró. Nos llama rebeldes, traidores y quiere castigar con su altiva espada, ese nombre odioso en nosotros.

(Vuelve Douglas)

DOUGLAS.- ¡A las armas, caballeros, a las armas! porque he arrojado un soberbio reto a la cara del rey Enrique. Westmoreland, que era nuestro rehén, se lo ha llevado; eso solo puede acelerar su ataque.

WORCESTER.- El príncipe de Gales se ha avanzado ante el rey, sobrino, y os desafía a combate singular.

HOTSPUR.- ¡Oh, si cayese solo sobre nuestras cabezas la querella y que ningún otro hombre, fuera de Harry Monmouth o yo, estuviese expuesto a exhalar el último suspiro! Decidme, decidme, ¿cómo estaba concebido su cartel? ¿Lo hace en tono de desprecio?

VERNON.- ¡No, por mi alma! Jamás oí en mi vida un reto lanzado más modestamente. Habríais creído que era un hermano desafiando a un hermano a un paso de armas corteses; os ha discernido todos los elogios que merecer puede un hombre, ensalzando vuestra gloria con elocuencia real, hablando de vuestros servicios como un panegírico, poniéndoos arriba mismo del elogio y declarando todos los elogios inferiores a vuestro valor. Luego, con verdadera nobleza, digna de un príncipe, hizo la ruborosa crítica de sí mismo y reprendió su turbulenta juventud con tal gracia, que parecía animado por dos espíritus simultáneamente, el de maestro y el de discípulo. Luego calló; pero permitidme declarar ante el mundo entero que, si sobrevive al odio de esta jornada, jamás la Inglaterra habrá tenido tan bella esperanza, tan mal interpretada en sus desvaríos.

HOTSPUR.- Pienso, primo, que te has enamorado de sus locuras; jamás oí hablar de un príncipe tan desenfrenadamente libertino. Pero, sea lo que sea, quiero antes de esta noche, estrecharlo en mis brazos de soldado, hasta ahogarlo bajo mi caricia. ¡A las armas! ¡a las armas, con prisa! Compañeros, soldados, amigos, mejor que yo, que no se hablar, exalte el sentimiento del deber vuestro ardor y entusiasmo.

(Entra un mensajero)

MENSAJERO.- Milord, una carta para vos.

HOTSPUR.- No puedo leerla ahora. Caballeros, el tiempo de la vida es muy corto, pero gastado ese breve plazo cobardemente, sería demasiado largo, aunque, cabalgando sobre la aguja de un reloj, la vida se detuviera al cabo de una hora. Si vivimos, vivimos para hollar cabezas de reyes; si morimos, ¡hermosa muerte, cuando príncipes mueren con nosotros! Ahora para nuestra conciencia, bellas son las armas, cuando se levantan por una causa justa.

(Entra otro mensajero)

MENSAJERO.- Preparaos, milord; el rey avanza rápidamente.

HOTSPUR.- Gracias le sean dadas porque me corta mi cuento; no hago profesión de elocuencia. Una palabra sola: que cada uno haga cuanto pueda. Y saco aquí mi espada, cuyo temple juro enrojecer con la mejor sangre que encuentre en los azares de este día peligroso. ¡Ahora Esperanza! ¡Percy! y adelante. Que resuenen todos los instrumentos soberbios de la guerra y abracémonos bajo ese acorde, por que, apostaría el cielo contra la tierra, que muchos de nosotros no podremos renovar esa cortesía.

(Suenan las trompetas; se abrazan y salen)

Enrique IV: Primera parte, Acto V, Escena III

ACTO V
ESCENA III

Llanura cerca de Shrewsbury.

(Movimientos de tropas.- Escaramuzas.- Toques de carga- Luego entran, de diferentes lados, Douglas y Blunt.)

BLUNT.- ¿Cuál es tu nombre, tú que me cierras el paso en la batalla?

DOUGLAS.- Sábelo, pues; mi nombre es Douglas. Y si te persigo así en el combate, es porque alguien me ha dicho que eres el rey.

BLUNT.- Te han dicho la verdad.

DOUGLAS.- Lord Stafford ha pagado cara hoy su semejanza contigo; porque, en vez de ti, rey Enrique, esta espada le ha quitado la vida; así hará contigo, a menos que no te entregues prisionero.

BLUNT.- No nací hombre de rendirme, soberbio escocés; encontrarás en mí un rey vengador de la muerte de Stafford.

(Combaten. Blunt es muerto)

(Entra Hotspur)

HOTSPUR.- Oh Douglas, si así hubieras combatido en Holmedon, jamás habría triunfado de un escocés.

DOUGLAS.- ¡Todo ha concluido! ¡Victoria! He ahí el rey tendido sin vida.

HOTSPUR.- ¿Dónde?

DOUGLAS.- Aquí.

HOTSPUR.- ¿Éste, Douglas? No, conozco muy bien su cara; un bravo caballero era, su nombre Blunt; estaba vestido como el rey.

DOUGLAS.- (Mirando el cadáver) ¡Que un loco acompañe tu alma, do quiera que vaya! ¡Caro pagaste un título prestado! ¿Porqué me dijiste que eras el rey?

HOTSPUR.- Muchos marchan con el rey, vestidos como él.

DOUGLAS.- Por mi espada, voy a atravesar todas esas cotas parecidas, haré pedazos todo su guardarropa, pieza a pieza, hasta que ericuentre al rey.

HOTSPUR.- ¡Arriba y adelante! Nuestros soldados sostienen gallardamente la jornada.

(Salen)

(Nuevos toques de alarma)

FALSTAFF.- Si en Londres podía librarme de pagar mi escote, tengo miedo que aquí no haya escape; aquí no hay moratoria, hay que pagar con el cuero... ¡Despacio! ¿Quién eres tú? ¡Sir Walter Blunt! ¡Vaya un honor! Fuera la vanidad: ardo como plomo derretido y no peso menos, Dios me preserve del plomo. No necesito más peso que mis propias tripas. He conducido a mis perdularios a un punto donde los han sazonado en regla; de mis ciento cincuenta solo quedan tres con vida; pero no servirán mientras vivan sino para mendigar a las puertas de la ciudad. Mas ¿quién llega?

(Entra el príncipe Enrique)

PRÍNCIPE ENRIQUE.- ¿Cómo? ¿Te estás aquí, ocioso? Préstame tu espada. Muchos caballeros yacen muertos y pisoteados bajo los cascos de los arrogantes jinetes enemigos y cuyas muertes no han sido vengadas. Te ruego, préstame tu espada.

FALSTAFF.- Te suplico, Hal, déjame respirar un momento. Jamás el turco Gregorio llevó a cabo tantas hazañas como las a que he dado acabado fin en este día. He arreglado las cuentas a Percy y está a buen recaudo.

PRÍNCIPE ENRIQUE.- Lo está, a la verdad; vive para matarte. Préstame tu espada.

FALSTAFF.- ¡No, por Cristo! Si Percy aun vive, no te doy mi espada; pero si quieres, toma mi pistola.

PRÍNCIPE ENRIQUE.- Dámela. ¿Cómo, está aun en la pistolera?

FALSTAFF.- ¡Ay, Hal! Está caliente, ¡caliente como para saquear una ciudad entera!

PRÍNCIPE ENRIQUE.- (Sacando una botella de la pistolera de Falstaff) ¿Te parece éste el momento de bromas y burlas? (Le tira la botella y sale)

FALSTAFF.- Bien, si Percy está vivo, lo atravieso de parte a parte... si se me cruza en mi camino, bien entendido, porque, si soy yo quien voy a su encuentro, acepto que me convierta en carbonada. No me gusta esa gloria con mueca que tiene Sir Walter Blunt. Dadme la vida; si puedo conservarla, tanto mejor; si no, ya vendrá la gloria sin que la busque y todo habrá concluido.

(Sale)

Enrique IV: Primera parte, Acto V, Escena IV

ACTO V

ESCENA IV

Otra parte del campo de batalla.

(Clarines, escaramuzas. Entran el Rey, Príncipe Enrique, Príncipe Juan, Westmoreland.)

REY ENRIQUE.- Te ruego, Harry, retírate, estás perdiendo mucha sangre. Id con él, lord Juan de Lancaster.

PRÍNCIPE JUAN.- No, milord, no antes de perder mi sangre como él.

PRÍNCIPE ENRIQUE.- Ruego a Vuestra Majestad que vuelva al frente de las tropas; temo que vuestra retirada alarme a nuestros enemigos.

REY ENRIQUE.- Voy a hacerlo... Lord Westmoreland, conducidlo a su tienda.

WESTMORELAND.- Vamos, milord, ¡voy a conduciros!

PRÍNCIPE ENRIQUE.- ¿Conducirme, milord? No necesito vuestra ayuda. ¡No permita el cielo que un simple rasguño, arroje al príncipe de Gales fuera de un campo de batalla como éste, donde la nobleza, bañada en sangre, es pisoteada, donde las armas rebeldes triunfan en el degüello!

PRÍNCIPE JUAN.- Nos reposamos demasiado; venid, primo Westmoreland, por aquí nos llama el deber, ¡venid, en nombre del cielo!

(Salen Príncipe Juan y Westmoreland)

PRÍNCIPE ENRIQUE.- ¡Vive Dios, que me has engañado, Lancaster! No te creía hombre de tal temple. Antes, te amé como un hermano, Juan; ahora, ¡me eres tan sagrado como mi alma!

REY ENRIQUE.- Le he visto resistir a Percy con tan firme actitud como no encontraría en otro guerrero tan inexperto.

PRÍNCIPE ENRIQUE.- ¡Oh, sí! Ese niño nos inflama a todos.

(Sale)

(Toques de alarma. Entra Douglas)

DOUGLAS.- ¿Otro Rey? ¡Retoñan como las cabezas de la hidra! Soy el Douglas fatal a todos los que llevan esas insignias. ¿Quién eres tú, que simulas la persona del rey?

REY ENRIQUE.- El rey en persona, quien, Douglas, lamenta en el alma que tantas veces hayas encontrado su sombra y nunca al rey Verdadero. Tengo dos hijos que os buscan, a ti y a Percy, en el campo de batalla; pero, puesto que mi buena estrella te trae a mi camino, quiero probarte; así, defiéndete.

DOUGLAS.- Temo que seas otro falso rey, aunque, a la verdad, tienes el aspecto soberano. Pero, seas quien fueres, eres mío y así te venzo.

(Combaten; en el momento en que el rey se encuentra en peligro, entra el príncipe Enrique)

PRÍNCIPE ENRIQUE.- Levanta la cabeza, vil escocés o no la levantarás ya más. Animan mi espada los espíritus de Shirley, de Stafford y de Bluiit; es el Príncipe de Gales que te amenaza, que nunca prometió sin cumplir.

(Combaten; Douglas huye)

¡Ánimo, milord! ¿Cómo se encuentra Vuestra Majestad? Sir Nicolás Gansey ha mandado pedir refuerzo, así como Clifton; voy ahora mismo a unirme con Clifton.

REY ENRIQUE.- Detente y respira un momento. Has redimido tu perdida reputación y demostrado que aprecias mi vida, en el brillante rescate que de mí has hecho.

PRÍNCIPE ENRIQUE.- ¡Oh cielos! ¡Grave injuria me hicieron los que han dicho que yo anhelaba vuestra muerte! Si así hubiera sido, me habría bastado dejar caer sobre vos el brazo insultante de Douglas, que habría apresurado vuestro fin tanto como todas las pociones venenosas del mundo y ahorrada la tarea traidora a vuestro hijo.

REY ENRIQUE.- Corre a donde está Clifton; yo voy al socorro de Gansey.

(Sale el rey Enrique)

(Entra Hotspur)

HOTSPUR.- Sino me engaño, eres Harry Monmouth.

PRÍNCIPE ENRIQUE.- Hablas como si yo quisiera negar mi nombre.

HOTSPUR.- Mi nombre es Harry Percy.

PRÍNCIPE ENRIQUE.- Entonces, veo a un valiente rebelde de ese nombre. Soy el Príncipe de Gales y no pienses, Percy, disputarme más la gloria; dos astros no pueden moverse en la misma esfera, ni puede la Inglaterra aceptar el doble cetro de Harry Percy y del Príncipe de Gales.

HOTSPUR.- No será así, Harry, porque ha llegado la última hora para uno de nosotros. ¡Quisiera el cielo que tu fama guerrera fuera tan grande como la mía!

PRÍNCIPE ENRIQUE.- Voy a hacerla mayor, antes de separarnos. Quiero segar todos los honores brotados sobre tu casco y hacer con ellos una guirnalda para mi frente.

HOTSPUR. - No puedo soportar más tiempo tus fanfarronadas.

(Combaten)

(Entra Falstaff)

FALSTAFF.- ¡Bien contestado, Hal! ¡Duro en él, Hal! Ahora verás, te lo aseguro, que eso no es juguete de niño.

(Entra Douglas, que combate con Falstaff, quien cae como muerto; sale Douglas. Hotspur es herido y cae)

HOTSPUR.- ¡Oh Harry, me has arrebatado mi juventud! Siento menos la pérdida de esta vida frágil, que los lauros que sobre mí has ganado. Hieren mi pensamiento más de lo que tu espada hirió mi carne. Pero el pensamiento es el esclavo de la vida y la vida la mofa del tiempo; el Tiempo señor de todo lo creado, debe también detenerse. ¡Si pudiera decir mi profecía! Pero la terrosa y helada mano de la muerte sella mi labio. No, Percy, no eres más que polvo y pasto para los...

(Muere)

PRÍNCIPE ENRIQUE.- ¡Para los gusanos, bravo Percy! ¡Adiós, gran corazón! ¡Ambición mal tejida, cómo se encoge tu trama! Cuando ese cuerpo contenía tu alma, tu reino le parecía estrecho espacio; pero ahora, dos pasos de la más vil tierra le son morada suficiente. Pero esta tierra que ahora te alberga muerto, no sostiene sobre ella un caballero más fuerte.

(Se reclina sobre el cadáver)

Si aun fueras sensible a la cortesía, no te daría una prueba tan profunda de mi admiración; deja que mis cuidados velen tu mutilada faz, a mi en tu obsequio, me hago una gloria en cumplir contigo los nobles ritos del afecto. ¡Lleva al cielo sólo las alabanzas que mereciste; quede sepultada tu ignominia en la tumba que tu epitafio no la recuerde!

(Ve a Falstaff en el suelo)

¡Cómo! ¡Una vieja relación! ¿Toda esa carne no ha podido conservar ni un poco de vida? ¡Adiós, pobre Jack! ¡No habría perdido con mayor dolor mi hombre mejor que tú! Si realmente hubiera amado la frivolidad, me habrías hecho una gran falta. La muerte no ha cogido mi venado más gordo que tú, aunque haya tronchado muchas existencias más queridas en esta sangrienta refriega. Quiero verte embalsamado dentro de poco; hasta entonces, reposa en la sangre, al lado del noble Percy.

(Sale)

FALSTAFF.- (Levantándose lentamente) ¡Embalsamado! Si me embalsamas hoy, te permito salarme mañana y comerme en seguida. ¡Canario! Era tiempo de simular el muerto; si no ese fogoso y turbulento escocés me habría pagado el escote. ¿Simular? Me engaño, no tengo nada de simulado. Morir es simular, porque mi cadáver que no tiene la vida de un hombre, es un simulacro de un hombre. Pero simular los muertos, cuando se está en plena vida, eso no es simulacro, sino la real y perfecta imagen de la vida. La mejor parte del valor es la prudencia; en virtud de esa mejor parte, he salvado la vida. ¡Cáspita! Me da miedo esa pólvora de cañón de Percy, aunque esté muerto. Diablo, ¿si él también simulara y fuera a levantarse? ¡Hum! me parece que de los dos muertos fingidos el más sólido sería él. Sin embargo, voy a asegurarle y podrá jurar que le maté yo. ¿Por qué no se levantaría también como yo?, Nadie puede desmentirme sino quien me vea y nadie me ve.

(Hiere el cadáver)

Con que amigo, esta herida más en el muslo y vámonos.

(Se echa el cadáver a la espalda)

(Vuelven el Príncipe Enrique y el Príncipe Juan)

PRÍNCIPE ENRIQUE.- ¡Bien, hermano Juan! Has estrenado heroicamente tu virgen espada.

PRÍNCIPE JUAN.- ¡Pero, mira! ¿Quién tenemos aquí? ¿No me habíais dicho que ese hombre gordo había muerto?

PRÍNCIPE ENRIQUE.- Sí; yo mismo le vi en el suelo inanimado y sangriento. ¿Estás vivo? ¿o eres una fantasía que engaña nuestras miradas? Habla, te lo ruego; no queremos creer a nuestros ojos sin el testimonio de nuestros oídos. Tú no eres lo que pareces ser.

FALSTAFF.- No, a la verdad. No soy un hombre doble; pero sino soy Juan Falstaff, entonces soy un Juan Lanas. Ahí está Percy; (echando al suelo el cadáver) si vuestro padre quiere recompensarme con algún honor, bien está, sino, que mate él mismo al próximo Percy. Espero ser conde o duque, os lo aseguro.

PRÍNCIPE ENRIQUE.- Pero si yo fui quien mató a Percy y a ti te vi muerto.

FALSTAFF.- ¿Tú?... ¡Señor, señor! ¡Cómo impera la mentira en este mundo! Concedo que yo estaba en el suelo y sin aliento y ese lo mismo pero ambos nos levantamos al momento y combatimos una hora larga por el reloj de Shrewsbury. Si se quiere creerme, perfectamente; si no, que recaiga sobre los que deben premiar a los hombres de valor tal pecado de ingratitud. Sostendré con mi cabeza que le he hecho esta herida en el muslo; si él hombre estuviera vivo y lo negara, le haría comer un pedazo de mi espada.

PRÍNCIPE JUAN.- ¡Jamás he visto un caso más extraño!

PRÍNCIPE ENRIQUE.- Es que no hay, tipo más extraño, hermano mío. Vamos, échate con soberbia tu carga al hombro. Por mi parte, si una mentira puede traerte beneficio, la doraré con los más felices términos que pueda.

(Suena la retirada)

Las trompetas suenan la retirada, el día es nuestro. Venid, hermano, vamos hasta el extremo del campo, para ver que amigos viven aun y cuales han muerto.

(Salen el Príncipe Enrique y el Príncipe Juan)

FALSTAFF.- Voy a seguirles donde dicen para tener mi recompensa. A aquel que me recompense, Dios le recompense. Si crezco en grandeza, creceré en tristeza, porque me purgaré, dejaré el vino y viviré limpiamente, como conviene a un caballero.

(Sale, llevándose el cuerpo)

Enrique IV: Primera parte, Acto V, Escena V

ACTO V

ESCENA V

Otra parte del campo de batalla.

(Suenan las trompetas. Entran el Rey Enrique, Príncipe Enrique, Príncipe Juan, Westmoreland y otros, con Worcester y Vernon, prisioneros.)

REY ENRIQUE.- Así la rebelión encontró siempre su castigo. Malvado Worcester, ¿no te enviamos con nuestra gracia, nuestro perdón y palabras de afecto para todos? Cambiaste el sentido de nuestras ofertas y abusaste de la conciencia de tu pariente. Tres caballeros de nuestras filas, muertos hoy, un noble conde, y muchas otras criaturas, vivirían aun si, como un cristiano, hubieras lealmente trasmitido mi real mensaje de un ejército a otro.

WORCESTER.- Lo que he hecho, mi seguridad me urgía hacerlo. Abrazaré paciente la fortuna que me agobia y que inevitable cae sobre mí.

REY ENRIQUE.- Conducid a Worcester a la muerte y a Vernon también. Los otros rebeldes serán juzgados más tarde.

(Salen Worcester y Vernon, custodiados)

¿Cómo está el campo de batalla?

PRÍNCIPE ENRIQUE.- El noble escocés, lord Douglas, cuando vio la fortuna de la jornada volverse contra él, al noble Percy muerto y todos sus hombres en aterrada fuga, huyó con el resto; cayendo de una colina quedó tan maltrecho, que los que le perseguían le tomaron. En mi tienda se encuentra Douglas y ruego a Vuestra Gracia me permita disponer de él.

REY ENRIQUE.- De todo corazón.

PRÍNCIPE ENRIQUE.- A vos, pues, hermano Juan de Lancaster, debe corresponder esa honrosa liberalidad; id a Douglas y, sin rescate, dadle la libertad plena y entera. Su valor, que tanto muestran hoy nuestros cascos, nos ha enseñado a honrar esos altos hechos, aun en la persona de nuestros adversarios.

REY ENRIQUE.- Solo nos resta ahora dividir nuestras fuerzas. Vos, mi hijo Juan, con mi primo Westmoreland, marchareis sobre York a toda prisa, al encuentro de Northumberland y del prelado Scroop, que, a lo que sé, han tomado apresuradamente las armas. Yo mismo y vos, hijo Enrique, nos dirigiremos hacia el país de Gales, a combatir a Glendower y al conde de la March. La rebelión en esta tierra perderá su pujanza con otra jornada como esta. Y puesto que nuestra empresa comenzó tan bien, no la abandonemos hasta reconquistar todo nuestro bien.

(Salen)

FIN DE LA PRIMERA PARTE

Enrique IV: Segunda parte, Personajes

PERSONAJES

REY ENRIQUE IV

ENRIQUE, Príncipe de Gales, más tarde Enrique V.

TOMÁS, Duque de Clarence. Hijo de Enrique IV y hermano de Enrique V.

JUAN DE LANCASTER, más tarde Duque de Bedford. Hijo de Enrique IV y hermano de Enrique V.

HUMPHREY DE GLOCESTER, más tarde Duque de Glocester. Hijo de Enrique IV y hermano de Enrique V.

CONDE DE WARWICK, partidario del rey.

CONDE DE WESTMORELAND, partidario del rey.

GOWER, partidario del rey.

HARCOURT, partidario del rey.

EL LORD GRAN JUEZ

UN CABALLERO, del séquito del Gran Juez.

CONDE DE NORTHUMBERLAND, enemigo del rey.

SCROOP, Arzobispo de York, enemigo del rey.

LORD MOWBRAY, enemigo del rey.

LORD HASTINGS, enemigo del rey.

LORD BARDOLPH, enemigo del rey.

SIR JOHN COLEVILLE, enemigo del rey.

TRAVERS, criado de Nothumberland.

MORTON, criado de Nothumberland.

FALSTAFF.

BARDOLFO.

PISTOLA.

UN PAGE.

POINS, familiar del Príncipe de Gales.

PETO, familiar del Príncipe de Gales.

SHALLOW (Trivial), Juez rural.

SILENCIO, Juez rural.

DAVY, criado de Shallow.

MOULDY, (Mohoso), recluta.

SHADOW, (Sombra), recluta.

WART, (Verruga), recluta.

FEEBLE, (Enclenque), recluta.

BULCALF, (Becerro), recluta.

FANG, (Garra), corchete.

SNARE, (Trampa), corchete.

EL RUMOR, (Prólogo)

UN DANZANTE, (Epilogo)

LADY NORTHUMBERLAND.

LADY PERCY.

LA POSADERA QUICKLY.

DOROTEA TEAR- SHEET, (Rompe- Sábana)

(Señores, oficiales, soldados, mensajeros, mozos de taberna, alguaciles, lacayos, etc.)

ESCENA - INGLATERRA

Enrique IV: Segunda parte, Prólogo

PRÓLOGO

WARKWORTH- Delante del Castillo de Northumberland.

(Entra el Rumor, con un traje sembrado de lenguas pintadas)

EL RUMOR.- Tended los oídos; porque, ¿cuál de vosotros querría cerrar el paso al sonido, cuando habla el ruidoso Rumor? Yo, desde el Oriente hasta el Ocaso entristecido, haciendo del viento mi caballo de posta, divulgo sin cesar los actos comenzados en este globo de tierra. De mis lenguas brotan constantemente imposturas, que traduzco en todos los idiomas y que llenan de falsas relaciones los oídos de los hombres. Hablo de paz, mientras la encubierta hostilidad, bajo la sonrisa de la seguridad, desgarra al mundo. Y ¿quién sino el Rumor, quién sino yo, reúne las gentes azoradas y prepara la defensa, mientras el año, preñado de alguna nueva catástrofe, parece llevar en su seno una guerra cruel y tiránica? ¡Y no hay tal cosa! El Rumor es una flauta que soplan las sospechas, los celos, las conjeturas, instrumento tan sencillo y tan fácil, que el rudo monstruo de innumerables cabezas, la discordante y ondeante multitud, puede tocarlo. Pero ¿qué necesidad tengo de anatomizar así mi cuerpo bien conocido entre mis familiares? ¿Porqué está aquí el Rumor? Corro delante de la victoria del rey Enrique, quien, en un sangriento campo cerca de Shrewsbury, ha deshecho al joven Hotspur y sus tropas, apagando la llama de la audaz rebelión, en la sangre misma de los rebeldes. Pero, ¿qué hago, al principiar diciendo la verdad? Mi oficio es divulgar a lo lejos que Harry Monmouth cayó bajo el furor de la espada del noble Hotspur y que el rey, ante la cólera de Douglas, inclinó la sagrada cabeza hasta la muerte. Esto he esparcido a través de las aldeas entre el real campo de Shrewsbury, hasta esta yerma fortaleza carcomida, donde el padre de Hotspur, el viejo Northumberland, se finge enfermo; los correos llegan jadeantes y ninguno entre ellos trae otras noticias que las que de mí han sabido. De las lenguas del Rumor, traen los halagüeños consuelos de la mentira, peores que el verdadero mal.

(Sale)

Enrique IV: Segunda parte, Acto I, Escena I

ACTO I

ESCENA I

La misma.

(El portero está a la puerta, entra lord Bardolph)

BARDOLPH.- ¿Quién guarda aquí la puerta? ¿Dónde está el conde?

PORTERO.- ¿A quién debo anunciar, señor?

BARDOLPH.- Decid al conde que lord Bardolph le espera aquí.

PORTERO.- Su Señoría se pasea en este momento en la huerta; dígnese Vuestro Honor golpear a la puerta y él mismo contestará.

(Entra Northumberland)

BARDOLPH.- Aquí viene el conde.

NORTHUMBERLAND.- ¿Qué noticias, lord Bardolph? Hoy, cada minuto debe ser padre de un suceso grave; los tiempos son rudos; la discordia, como un caballo, como un caballo nutrido de ardiente alimento, se ha desbocado frenética y todo derriba ante ella.

BARDOLPH.- Noble conde, os traigo noticias ciertas de Shrewsbury.

NORTHUMBERLAND.- ¡Buenas, lo quiera el cielo!

BARDOLPH.- Tan buenas como el corazón puede desearlas: el rey ha sido herido casi mortalmente y en el triunfo de milord vuestro hijo, el príncipe Harry quedó muerto; los dos Blunt muertos por la mano de Douglas; el joven príncipe Juan, Westmoreland y Sttafford, huyeron del campo de batalla y el pulpo de Harry Monmouth, el armatoste Sir John, está prisionero de vuestro hijo. ¡Jamás una jornada tan empeñosa, tan sostenida, tan brillantemente ganada, vino a ennoblecer los tiempos, desde los triunfos de César!

NORTHUMBERLAND.- ¿Qué origen tienen esas noticias? ¿Habéis visto el campo de batalla? ¿Venís de Shrewsbury?

BARDOLPH.- He hablado milord, con una persona que venía de allí, un hidalgo bien nacido y de buen nombre, quien espontáneamente me comunicó esas noticias como exactas.

NORTHUMBERLAND.- Ahí viene mi criado, Travers, a quien envié el martes último en busca de noticias.

BARDOLPH.- Milord, le he pasado en el camino y nada sabe de positivo, sino lo que ha podido saber de mis labios.

(Entra Travers)

NORTHUMBERLAND.- Y bien, Travers, ¿qué buenas nuevas llegan con vos?

TRAVERS.- Milord, Sir John Umfrevile me ha hecho volver con alegres noticias y, yendo mejor montado que yo, me ha precedido. Después de él, llegó, espoleando recio, un caballero casi inerte de fatiga que se detuvo junto a mí para dar respiro a su ensangrentado caballo; me preguntó por el camino de Chester y yo le pedí noticias de Shrewbury. Me dijo que la rebelión había tenido mala suerte y que la espuela del joven Harry Percy se había enfriado. Dicho esto, soltó riendas a su ágil caballo o inclinándose hacia adelante, hundió sus talones armados en los flancos palpitantes de la pobre bestia hasta la rodaja. Y partiendo así, sin esperar más preguntas, parecía devorar el camino en su carrera.

NORTHUMBERLAND.- ¿Cómo? Dilo otra vez. ¿Dijo que la espuela del Joven Harry Percy se había enfriado? ¿La ardiente espuela, espuela helada? ¿Que la rebelión había tenido mala suerte?

BARDOLPH.- Milord, oídme; si milord vuestro hijo no ha triunfado, consiento, por mi honor, en dar mi baronía por una madeja de seda. Que no se hable más de eso.

NORTHUMBERLAND.- ¿Y porqué el caballero, que se detuvo junto a Travers, dio esas nuevas de desastre?

BARDOLPH.- ¿Quién, él? ¡Sería algún pillo pusilánime, que habría robado el caballo que montaba y que, por mi vida, hablaría al azar Milord! Ahí nos llegan más noticias.

(Entra Morton)

NORTHUMBERLAND.- Sí, la frente de ese hombre, como ciertas portadas, presagia un libro de naturaleza trágica. Tal aparece la orilla sobre la que la ola imperiosa ha dejado el testimonio de su usurpación. Habla, Morton, ¿vienes de Shrewsbury?

MORTON.- Vengo huyendo de Shrewsbury, mi noble señor, donde la muerte odiosa se cubrió con su máscara más horrenda para espanto de nuestro partido.

NORTHUMBERLAND.- ¿Cómo están tú hijo y mi hermano? ¡Tiemblas! y la blancura de tu rostro es más apta que tu lenguaje para dar tu mensaje. Semejante a ti fue el hombre que desfalleciente, rendido, siniestro, la muerte en los ojos, loco de dolor, tiró la cortina de Príamo en el horror de la noche y quiso decirle que la mitad de su Troya ardía; pero Príamo vio el incendio, antes de oír las palabras. Y yo sé la muerte de mi Percy antes que tú me la anuncies. He aquí lo que quieres decirme: «Vuestro hijo hizo esto y esto; esto vuestro hermano; así combatió el noble Douglas.» Quieres llenar mi ávido oído con sus altos hechos, pero al fin, llenándolo en verdad, tendrás un suspiro que desvanecerá tu alabanza y concluirás diciendo: ¡hermano, hijo, y todos murieron!

MORTON.- Douglas vive aun y vuestro hermano; pero en cuanto a milord vuestro hijo...

NORTHUMBERLAND.- ¡Ah! ¡Ha muerto! ¡Ved cuan rápida es la palabra de la sospecha! Aquel que teme algo que tiembla de conocer, ve por instinto en ojos extraños, que lo que temía ha sucedido. Pero habla, Morton, di a tu señor que su profecía ha mentido y tu injuria me será dulce al oído y te hará rico en cambio de esa afrenta.

MORTON.- Sois demasiado grande para que yo os contradiga. Por demás exacto es vuestro presentimiento, por demás reales vuestros temores.

NORTHUMBERLAND.- Sí, pero todo eso no me asegura que Percy haya muerto. Veo una extraña confesión en tus ojos, inclinas la cabeza y juzgas peligroso o culpable hablar la verdad. Si ha muerto, dijo; no ofende la palabra que anuncia su muerte; hay culpa en calumniar un muerto, no la hay en anunciar que la vida ha cesado. Sin embargo, ingrato oficio es el del primero que trae una afligente noticia; su voz tiene el fúnebre sonido de la campana que nos trae el recuerdo del amigo perdido.

BARDOLPH.- No puedo creer, milord, que vuestro hijo haya muerto.

MORTON.- Lamento verme obligado a forzar vuestra fe en lo que Dios lo sabe, habría querido no haber visto. Pero estos mis ojos le vieron ensangrentado, contestando ya sin fuerzas, extenuado, sin aliento, los golpes de Harry Monmouth, cuyo ímpetu furioso derribó a tierra al nunca vencido Percy, quien ya no se levantó con vida. Breve, la muerte de Hotspur, (cuyo espíritu inflamaba hasta al más tosco paisano de su ejército) habiéndose esparcido, heló el valor mejor templado de sus tropas. Porque era su temple el que aceraba su partido; caído él, el resto se abatió como macizo y pesado plomo. Y así como una masa lanzada por fuerza vigorosa vuela con mayor rapidez cuan más pesada es, así nuestros hombres, agobiados por la pérdida de Hotspur, dieron a su peso tal ligereza con el pánico que, más rápidos que la flecha que busca la cibla, buscaron la salvación en la fuga. Fue entonces que bien pronto cayó prisionero el noble Worcester; y el furioso escocés, el sangriento Douglas, cuya espada laboriosa por tres veces había muerto al espectro del rey, sintió flaquear el corazón y honró a los que volvieron la espalda, mezclándose en sus filas. En su huida, el temor le hizo tropezar y fue tomado. El resumen de todo es que el rey ha triunfado y ha enviado una columna ligera contra vos, milord, bajo el mando del joven Lancaster y de Westmoreland. Estas son todas las noticias.

NORTHUMBERLAND.- Sobrado tiempo tendré para lamentarme; el veneno entraña su remedio. Si hubiera estado bueno, esas noticias me habrían enfermado; enfermo, en cierta manera me han restablecido. Y así como el miserable cuyas coyunturas febricientes, semejantes a frágiles bisagras, se doblan bajo la vida, de pronto, en el ímpetu de un acceso, se escapa como el rayo de los brazos de sus guardianes, tal así mis miembros, agobiados por el dolor, pero por el dolor sobreexcitados, tienen triple energía. ¡Lejos de mí, pues, débil muleta! Ahora, un guantelete escamoso, de junturas de acero, debe cubrir mi mano. ¡Lejos de mí, gorro de enfermo! Eres muy débil defensa para una cabeza que aspiran a herir príncipes hartos de triunfos. Ahora ceñid de hierro mi frente y que la hora más funesta que puedan traer el tiempo y la venganza, se avance amenazante contra Northumberland enfurecido. ¡Que el cielo se estrelle contra la tierra! ¡Que la mano de la naturaleza cese de contener la ola salvaje! ¡Que el orden perezca! ¡Que el mundo no sea ya una escena donde las luchas se suceden con lánguidos intermedios! ¡Que el espíritu solo del primer nacido Caín reine en todos los corazones, que los haga ávidos de actos sangrientos y el duro drama concluya y las tinieblas sean el sepulturero de los muertos!

TRAVERS.- Esa emoción violenta os hace mal, milord.

BARDOLPH.- Buen conde, no divorciéis vuestra dignidad de la prudencia.

MORTON.- La vida de todos vuestros fieles partidarios pende de vuestra salud, que, si os entregáis a ese desordenado dolor, no podrá menos que decaer. Medisteis las consecuencias de la guerra, milord y contasteis las probabilidades de éxito antes de decir: alcémonos en armas. Habéis previsto que, en la repartición de golpes, vuestro hijo podía caer. Sabéis que, marchando sobre los peligros, en el estrecho borde de un precipicio, era más probable que cayera en él en vez de atravesarlo. Sabíais que su carne no era invulnerable a las heridas y que su impetuoso valor le empujaba allí donde el peligro era más recio. Y sin embargo le habéis dicho: ¡anda! y ninguno de estos graves temores ha podido deteneros en esta empresa obstinadamente resuelta. ¿Qué ha sucedido de extraordinario? ¿Qué ha producido esta atrevida campaña sino aquello que, siendo probable, se ha realizado?

BARDOLFO.- Todos nosotros, que estamos comprometidos en esa catástrofe, sabíamos que nos aventurábamos en mares tan peligrosos, que teníamos diez probabilidades contra una de perecer. Y sin embargo, nos lanzamos a ellos, porque el objetivo perseguido, compensaba la expectativa del peligro temido. Estamos sobre el abismo, tentemos de nuevo la aventura, comprometiendo en ella cuanto tenemos, cuerpos y bienes.

MORTON.- Sí, que el tiempo apura además, mi noble lord, sé de buena fluente y garantizo la verdad del hecho, que el buen Arzobispo de York se ha levantado a la cabeza de tropas bien organizadas. Es un hombre que liga a sus partidarios con una doble seguridad; milord, vuestro hijo solo tenía los cuerpos, las sombras, las apariencias de los hombres para combatir, porque esa palabra «rebelión» separaba sus almas de la acción de sus cuerpos y combatían con desgano, por apremio, como se traga una poción. Sus armas sólo estaban por nosotros, pero en cuanto a sus espíritus, a sus almas, estaban heladas por esa palabra «rebelión», como los pescados en un estanque. Pero ahora, el arzobispo hace de la insurrección una religión; con la reputación de sincero y piadoso en sus pensamientos, se le sigue a la vez con el alma y con el cuerpo. Fortalece su rebelión con la sangre del buen rey Ricardo, raspada sobre las lozas de Pomfret y hace derivar del cielo su causa y su querella. Dice a todos que quiere libertar- una tierra ensangrentada que agoniza bajo el poder de Bolingbroke- y grandes y pequeños se agrupan y le siguen.

NORTHUMBERLAND.- Lo sabía ya; pero, a decir verdad, el dolor presente me lo había hecho olvidar. Entrad todos conmigo y que cada uno aconseje el mejor camino a sus ojos para la salvación y la venganza. Expidamos mensajeros y cartas y apresurémonos a procurarnos amigos. Nunca fueron tan pocos y nunca tan necesarios.

Enrique IV: Segunda parte, Acto I, Escena II

ACTO I

ESCENA II

LONDRES- Una calle.

(Entran Sir John Falstaff, seguido de un pequeño paje que lleva su espada y su escudo)

FALSTAFF.- ¡Hola, gigante! ¿Qué dice el doctor de mis aguas?

PAJE.- Dice, señor, que las aguas en sí mismas, son aguas buenas y sanas; pero que la persona a quien pertenecen puede tener más enfermedades que las que supone.

FALSTAFF.- Gentes de toda especie hacen ostentación de mofarse de mí. El cerebro de ese estúpido compuesto de barro, el hombre, no es capaz de concebir nada que sea gracioso, sino lo que yo invento o lo que se inventa sobre mí. No solo soy espiritual por mí mismo, sino también la causa de que los otros hombres tengan espíritu... Andando así delante de ti, parezco una marrana que ha aplastado todos sus hijuelos menos uno. Si el príncipe te ha puesto a mi servicio con otro objeto que de servirme de contraste, confieso que no tengo criterio. Especie de bastardo de mandrágora, estarías mejor en mi sombrero como penacho que a mis talones como lacayo. Hasta ahora, nunca me vi en posesión de una ágata; pero no te engastará ni en oro, ni en plata, sino en vil metal y te devolverá a tu patrón, como una joya; sí, a tu patrón, el príncipe, ese jovenzuelo cuya barba no ha pelechado aún. Antes tendré barba en la palma de la mano que, él un pelo en la mejilla. Y sin embargo, no tiene escrúpulo en decir que su cara, es una cara-real. Dios la acabará cuando quiera, que lo que es un pelo de más no lo tiene. Puede conservarla como una cara-real; pero un barbero no daría seis peniques por ella. ¡Y sin embargo, pretende gallear, como si hubiera sido ya hombre hecho, cuando su padre era aun un jovenzuelo! Puede conservar cuanto quiera su propia gracia, que lo que es yo, no le encuentro ninguna, se lo aseguro... ¿Qué ha dicho Master Dumbleton respecto al raso para mi capa corta y mis calzones?

PAJE.- Dice, señor, que es necesario le deis una garantía mejor que la de Bardolfo; no quiere tomar su billete ni el vuestro; no le gusta esa canción.

FALSTAFF.- ¡Qué sea condenado como el glotón! ¡Qué arda su lengua más que la de aquel! ¡Achipotel, hijo de p..., indecente, marrano! ¡Tener un caballero en el aire y salir pidiendo garantías! ¡Esos cochinos de cabeza pelada no usan ahora más que tacones altos y un manojo de llaves en la cintura y cuando un hombre espera de ellos una honesta entrega, entonces se plantan pidiendo garantías! De tan buena gana les permitiría que me llenaran la boca de arsénico a que me la taparan con esa palabra: garantía! Como soy un verdadero hidalgo que, esperaba me enviara veintidós yardas de raso y lo que manda es un pedido de garantía. Bueno, puede dormir cori toda garantía, porque posee el cuerno de la abundancia y la ligereza de su mujer brilla a través. Y él no ve ni jota, aunque tiene su propia linterna para alumbrarse. ¿Dónde está Bardolfo?

PAJE.- Ha ido a Smithfield, a comprar un caballo para Vuestra Señoría.

FALSTAFF.- ¡Le he comprado en San Pablo, a él y me va a comprar un caballo a Smithfield! Si pudiera procurarme una mujer tan solo en un burdel, tendría criado, caballo y hembra.

(Entran el Lord Justicia mayor y un Ujier)

PAJE.- Señor, aquí viene el noble personaje que puso preso al príncipe por haberle pegado a causa de Bardolfo.

FALSTAFF.- No te me separes; no quiero verle.

LORD JUSTICIA.- ¿Quién es ése que va allí?

UJIER.- Si Vuestra Señoría me permite, es Falstaff.

LORD JUSTICIA.- ¿El que estaba complicado en el robo?

UJIER.- El mismo, milord; pero después ha prestado buenos servicios en Shrewsburg y, según tengo entendido, va con una misión cerca de lord Juan de Lancaster.

LORD JUSTICIA.- Cómo, ¿a York? Llamadle.

UJIER.- Sir John Falstaff.

FALSTAFF.- Muchacho, dile que soy sordo.

PAJE.- Hablad más fuerte; mi señor es sordo.

LORD JUSTICIA.- Estoy seguro que lo es, para oír buenas palabras; vamos, tiradle del codo, necesito hablarle.

UJIER.- ¡Sir John!..

FALSTAFF.- ¡Cómo, pilluelo! ¿Mendigar, a tu edad? ¿No hay acaso guerras? ¿No hay ocupación? ¿Acaso el rey no necesita súbditos y la rebelión soldados? Aunque es una vergüenza estar en otro partido que el del rey, mayor vergüenza aun es mendigar que servir en el peor partido, por más deshonrado que esté por el nombre de rebelión.

UJIER.- Os equivocáis, señor.

FALSTAFF.- ¿Acaso he dicho que erais un hombre honorable? Poniendo de lado mi hidalguía y mi calidad de soldado, habría mentido como un bellaco si tal hubiera dicho.

UJIER.- Y bien, señor, poned, os ruego, de lado vuestra hidalguía y vuestro título de soldado y permitidme deciros que habéis mentido como un bellaco, si decís que no soy un hombre honorable.

FALSTAFF.- ¿Yo, darte permiso para decirme tal cosa? ¿Poner de lado lo que es parte constituyente de mí mismo? Si obtienes de mí ese permiso, ahórcame; si te lo tomas, más te valiera ir a ahorcarte. Vamos, ¡fuera de aquí, sabueso!

UJIER.- Milord, mi amo querría hablaros.

LORD JUSTICIA.- Sir John Falstaff, una palabra.

FALSTAFF.- ¡Mi buen lord! Dios conceda un buen día a Vuestra Señoría. Me alegro infinito de ver a Vuestra Señoría en la calle; había oído decir que Vuestra Señoría estaba enfermo. Espero que Vuestra Señoría ha salido por consejo del médico. Aunque Vuestra Señoría no ha pasado aun la juventud, ya tiene sus añitos encima y empieza a resentirse de la acción del tiempo; ruego humildemente a Vuestra Señoría que tome un reverente cuidado por su salud.

LORD JUSTICIA.- Sir John, os mandé buscar antes de vuestra expedición Shrewsbury.

FALSTAFF.- Así he oído que Su Majestad había vuelto del país de Gales muy disgustado.

LORD JUSTICIA.- No hablo de Su Majestad. No quisisteis venir cuando os mandé buscar.

FALSTAFF.- Y además he oído que Su Alteza ha sido nuevamente atacada por esa p... de apoplejía.

LORD JUSTICIA.- Bien, que el cielo le restablezca. Os ruego que me dejéis hablaros.

FALSTAFF.- Esa apoplejía es, según yo colijo, una especie de letargo, si Vuestra Señoría permite; una especie de adormecimiento en la sangre, una J... puntada.

LORD JUSTICIA.- ¿Qué diablos estáis diciendo? Será lo que sea.

FALSTAFF.- Proviene de un sufrimiento agudo, de exceso de estudio y perturbación del cerebro. He leído en Galeno la causa de sus efectos; es algo como una sordera.

LORD JUSTICIA.- Me parece entonces que estáis atacado de esa enfermedad, porque no oís lo que os digo.

FALSTAFF.- Muy bien, milord, muy bien; pero, si permitís, es más bien la enfermedad de no escuchar, de no prestar atención, la que me aflige.

LORD JUSTICIA.- Castigándoos por los talones se corregiría la falta de atención de vuestros oídos. No tendría reparo en ser vuestro médico.

FALSTAFF.- Soy tan pobre como Job, milord, pero no tan paciente. Vuestra Señoría puede, a causa de mi pobreza, suministrarme la prisión como droga; pero, respecto a si tendría la paciencia de seguir vuestras prescripciones, es un punto sobre el que los sabios pueden tener un dracma de escrúpulo, casi diría un escrúpulo entero.

LORD JUSTICIA.- Os mandé venir a hablarme cuando había una grave acusación contra vos, a causa de vuestro género de vida.

FALSTAFF.- Y yo, siguiendo la opinión de mi consejero legal, un sabio legista de este país, no me presenté.

LORD JUSTICIA.- Bien, pero el hecho es, Sir John, que lleváis una vida grandemente infame.

FALSTAFF.- El que ciñe un cinturón como el mío, tiene que vivir en grande.

LORD JUSTICIA.- Vuestros recursos son escasos y vuestros gastos enormes.

FALSTAFF.- Quisiera que fuera al contrario; mis recursos enormes y mis gastos escasos.

LORD JUSTICIA.- Habéis corrompido al joven príncipe.

FALSTAFF.- El es quien me ha corrompido a mí; yo soy el compañero de la gran panza y él mi perro.

LORD JUSTICIA.- Bien; sentiría reabrir una herida recién cerrada. Vuestros servicios diurnos en Shrewsbury han dorado un tanto vuestra hazaña nocturna de Gadshill; debéis agradecer a la inquietud de los tiempos la quietud que gozáis después de esa acción.

FALSTAFF.- ¿Milord?

LORD JUSTICIA.- Pero ya que eso es así, estaos quieto; no despertéis al lobo que duerme.

FALSTAFF.- Despertar un lobo es tan desagradable como olfatear un zorro.

LORD JUSTICIA.- Pensad que estáis como una bujía cuya mejor parte se ha consumido ya.

FALSTAFF.- Una antorcha de alegría, milord, toda de sebo; y si hubiera dicho de cera, mi vegetación probaría la verdad de mi aserto.

LORD JUSTICIA.- No hay en vuestra cara un solo pelo blanco que no debiera inculcaros la gravedad.

FALSTAFF.- La gra...sa, la grasa.

LORD JUSTICIA.- Seguís a todas partes al príncipe, como su ángel malo.

FALSTAFF.- No así, milord; vuestro ángel malo no tiene peso; pero espero que aquel que me sirve, me tomará sin pesarme. Y sin embargo, confieso que no soy de curso corriente. La virtud es tan poco considerada en estos tiempos de verduleros, que el verdadero valor se ha hecho guarda-osos. El ingenio se ha convertido en tabernero y se gasta en preparar y llevar las cuentas; todos los otros dones inherentes al hombre, tales como los ridiculiza la maldad de este siglo, no valen un racimo de grosella. Vos, que sois viejo, no os dais cuenta de las facultades de nosotros los jóvenes; juzgáis del calor de nuestros hígados con la amargura de vuestra bilis. Nosotros, los que estamos en todo el vigor de la juventud, somos a veces, lo confieso, un poco calaveras.

LORD JUSTICIA.- ¿Cómo escribir vuestro nombre en la lista de la juventud, Vos, que todos los caracteres de la edad designan como un viejo? ¿No tenéis acaso los ojos llorosos? ¿La mano seca? ¿La mejilla amarillenta? ¿La barba blanca? ¿La pierna que disminuye? ¿El vientre que aumenta? ¿No tenéis la voz rota, el aliento corto, la papada doble, el espíritu simple, todas vuestras facultades, en fin, arruinadas por la edad? ¿Y todavía os llamáis joven? ¡Ta! ¡ta, ta! Sir John.

FALSTAFF.- Milord, nací a eso de las tres de la tarde, con la cabeza blanca y el vientre asaz redondo. En cuanto a la voz, la he perdido a fuerza de gritar y cantar antífonas. No quiero daros otras pruebas de mi juventud; verdad es que soy viejo solo por la razón y el entendimiento. Y aquel que quiera brincar conmigo por mil marcos, que me avance el dinero y ¡ay! de él. En cuanto al bofetón que os dio el príncipe, os lo dio como un príncipe brutal y lo recibisteis como un lord sensible. Le he regañado por ello y el lioncillo hace penitencia, no a la verdad entre cenizas y ceñido el cilicio, sino vestido de seda y trincando vino añejo.

LORD JUSTICIA.- ¡Quiera el cielo dar al príncipe un compañero mejor!

FALSTAFF.- ¡Quiera el cielo dar al compañero un príncipe mejor! ¡No puedo zafarme de él!

LORD JUSTICIA.- Bien; el rey os ha separado ya del príncipe Enrique; me dicen que debéis marchar, con lord Juan de Lancaster; contra el arzobispo y el conde de Northumberland.

FALSTAFF.- Sí, gracias sean dadas a vuestro amable y delicioso espíritu. Pero, a vosotros todos que os quedáis en vuestras casas besando a milady la Paz, os pido invoquéis al cielo en vuestras preces, a fin de que nuestros ejércitos no se encuentren en un día caluroso. Porque ¡vive Dios! que no llevo sino un par de camisas conmigo y no pretendo sudar extraordinariamente. Si hace calor y se me ve blandir otra cosa que la botella, que no vuelva a escupir blanco en mi vida. Apenas asoma la cabeza un caso de peligro, que ya me meten dentro. Sin embargo, ¡yo no puedo durar eternamente! pero esa ha sido siempre la manía de nuestra nación inglesa; apenas tiene algo bueno, lo emplea para todo. Si os obstináis en llamarme viejo, debéis dejarme reposar. Quisiera el cielo que mi nombre no fuera tan terrible para los enemigos, ¡como lo es! Preferiría que el moho me carcomiera hasta la muerte, que ser reducido a nada por el movimiento perpetuo.

LORD JUSTICIA.- Vamos, sed hombre de bien, sedio y Dios bendiga vuestra expedición.

FALSTAFF.- ¿Vuestra Señoría querría prestarme mil libras para mi equipo?

LORD JUSTICIA.- Ni un penique, ni un penique; sois demasiado impaciente para llevar cruces; pasadlo bien y recomendadme a mi primo Westmoreland.

(Salen el Justicia Mayor y el Ujier)

FALSTAFF.- Si lo hago, que me aplasten con un mazo. El hombre no puede separar la avaricia de la vejez ni la lujuria de la juventud; pero la gota martiriza al mio y el gálico pincha al otro, lo que hace superfluas mis maldiciones... ¡Hola, muchacho!

PAJE.- ¿Señor?

FALSTAFF.- ¿Cuánto hay en mi bolsa?

PAJE.- Siete groats y dos peniques.

FALSTAFF.- No puedo encontrar remedio contra esta consunción de la bolsa. Tomar prestado sólo es hacerla languidecer, pero el mal es incurable... Lleva esta, a milord de Lancaster; ésta al príncipe; ésta al conde de Westmoreland; y ésta a la vieja mistress Ursula, a quien juro semanalmente desposarla, desde que apercibí el primer pelo blanco en mi barba. ¡Ya estás andando! Sabes donde encontrarme.

(Sale el Paje)

¡Que el gálico se lleve a esta gota, o que la gota se lleve a éste gálico! Porque una u otro danzan infernalmente en el dedo gordo de mi pie. No importa si cojeo, porque tengo la guerra para dar color a la cosa y así mi pensión parecerá más justa. Un hombre de espíritu debe sacar partido de todo; voy a hacer contribuir mis lacras a mi comodidad.

(Sale)

Enrique IV: Segunda parte, Acto I, Escena III

ACTO I

ESCENA III

YORK- Una sala en el palacio del Arzobispo.

(Entra el Arzobispo de York, los lords Hastings, Mowbray y Bardolph)

ARZOBISPO.- Así, ya conocéis nuestros motivos y podéis apreciar nuestros recursos. Mis nobilísimos amigos, os ruego a todos que digáis francamente vuestras opiniones sobre nuestras esperanzas. Y vos el primero, milord mariscal, ¿qué pensáis?

MOWBRAY.- Apruebo las razones de nuestro levantamiento; pero quisiera que se me explicara más claramente, cómo, con nuestros medios, podemos oponer un ejército aguerrido y sólido, a las tropas y al poder del rey.

HASTINGS.- Por el momento, nuestras fuerzas, puestas en línea, alcanzan a veinticinco mil hombres escogidos- y se esperan refuerzos considerables del gran Northumberland, cuyo pecho arde en el inextinguible fuego de las injurias recibidas.

BARDOLPH.- La cuestión, lord Hastings, se reduce, pues, a esto: ¿pueden los veinticinco mil hombres con que contamos, hacer frente, sin Northumberland?

HASTINGS.- Con él, lo pueden.

BARDOLPH.- ¡Pardiez! esa es la verdad. Pero, si nos consideramos demasiado débiles sin él, mi opinión es que no debemos avanzarnos más sin tener su ayuda a la mano; porque, en una cuestión que se presenta tan sangrienta, las conjeturas, expectativas y suposiciones de auxilios inseguros, no deben admitirse.

ARZOBISPO.- Esa es la verdad neta, lord Bardolph; en efecto, tal fue el caso del joven Hotspur en Shrewsbury.

BARDOLPH.- Precisamente, milord; se ilusionó con la esperanza, aspiró el aire de una promesa de ayuda, animándose él mismo con la expectativa de un refuerzo que fue menor que la menor de sus ilusiones. Fue así que, con una imaginación desmedida, propia de la locura, llevó a los suyos a la muerte y, enceguecido, se precipitó él mismo en la tumba.

HASTINGS.- Pero permitidme deciros que no veo el mal en hacer el cálculo de probabilidades y analizar los motivos de esperanza.

BARDOLPH.- Sí, lo hay, en una guerra de esta clase, cuando las fuerzas necesarias existen solo en la esperanza, como esos botones que vemos aparecer al principio de la primavera y que ofrecen menos esperanżas de dar frutos que de ser consumidos por la helada. Cuando pensamos en edificar, estudiamos en primer término el terreno y luego levantamos el plano; cuando vemos la configuración de la casa entonces calculamos los gastos de su construcción. Y si encontramos que sobrepasan nuestros recursos, ¿qué otra cosa hacemos sino volver a trazar nuestro plan en proporciones menores o, por fin, renunciar a edificar? Con mayor razón en esta grande obra (en la que se trata casi de derribar una monarquía y levantar otra) debemos estudiar el terreno de la situación y el plano, establecer cimientos sólidos, consultar los hombres idóneos, examinar nuestros recursos, saber cuáles son nuestras fuerzas para tal empresa y compararlas con las del enemigo. De otra manera, nos hacemos fuertes en el papel y alineamos nombres de hombres, en vez de hombres, como aquel que trazara un plan de edificio, superior a sus medios para edificarlo y que, después de haber construido la mitad, renunciara a continuarlo, dejando sus costosos trabajos abandonados al llanto de las nubes y a la ruda tiranía del invierno.

HASTINGS.- Admitamos que nuestras esperanzas, a pesar de su hermosa concepción, mueran al nacer y que poseamos en este momento hasta el último soldado de los que podemos esperar, pienso que, tal como estamos, somos un cuerpo bastante fuerte para igualar al del rey.

BARDOLPH.- ¿Cómo? ¿El rey no tiene más que veinticinco mil hombres?

HASTINGS.- Contra nosotros, no más; ni aun tantos, lord Bardolph, porque su ejército, en estos tiempos de tumulto, está dividido en tres cuerpos: uno contra los franceses y el otro contra Glendower. Por fuerza, tiene que oponernos el tercero. Así, el débil monarca se ve obligado a dividirse en tres y sus cofres resuenan con el hueco sonido de la pobreza y el vacío.

ARZOBISPO.- No es de temer que reúna en un solo ejército sus fuerzas divididas y que caiga sobre nosotros con todo el peso de su poder.

HASTINGS.- Si así lo hace, deja sus espaldas sin defensa, con los franceses y los galenses ladrando a sus talones. No lo temáis.

BARDOLPH.- ¿Quién, según parece, debe dirigir las fuerzas contra nosotros?

HASTINGS.- El duque de Lancaster y Westmoreland; contra el Galense, él mismo y Harry Monmouth; pero no tengo noticias ciertas sobre el jefe que opone a los franceses.

ARZOBISPO.- Adelante, pues y hagamos públicos los motivos de nuestro levantamiento. El pueblo está enfermo de su propia elección; su amor, demasiado ávido, se ha hartado. Vertiginosa o insegura habitación tiene aquel que edifica sobre el corazón de la plebe. ¡Oh estúpida multitud, qué aturdidoras aclamaciones lanzabas al cielo bendiciendo a Bolingbroke, antes que fuera lo que tú querías que fuese! Y ahora que estás satisfecho en tus propios deseos, tú, bestial glotón, estás tan harto de él, que te esfuerzas por vomitarlo. Así, así, bestia asquerosa, vomitaste de tu insaciable estómago al real Ricardo. ¿Y ahora querrías comer a aquel que arrojaste y le llamas con tus alaridos? ¿Qué hay de seguro en estos tiempos? Aquellos que, cuando Ricardo vivía, querían su muerte, están ahora enamorados de su tumba. Tú, que arrojabas polvo sobre su sagrada cabeza, cuando a través del soberbio Londres se avanzaba suspirando tras los admirados pasos de Bolingbroke, gritas ahora: ¡Oh tierra, devuélvenos aquel rey y toma éste! ¡Oh maldecidos pensamientos humanos! ¡El pasado y el porvenir parecen siempre mejores, el presente, siempre peor!

MOWBRAY.- ¿Reuniremos nuestras tropas y entraremos en campaña?

HASTINGS.- Somos súbditos del tiempo y el tiempo ordena partir.

(Salen)

Enrique IV: Segunda parte, Acto II, Escena I

ACTO II

ESCENA I

LONDRES- Una calle.

(Entra la Posadera; Garra y su criado, con ella; luego Trampa)

POSADERA.- Maese Garra, ¿habéis ya inscripto la ejecución?

GARRA.- Sí, está ya inscripta.

POSADERA.- ¿Dónde está vuestro corchete? ¿Es hombre vigoroso? ¿Irá adelante sin flaquear?

GARRA.- (Al criado) A ver, pelafustán, ¿dónde está Trampa?

POSADERA.- Eso, eso, señor: ese buen maese Trampa.

TRAMPA.- (Avanzando) Aquí estoy, aquí estoy.

GARRA.- Trampa, debemos arrestar a Sir John Falstaff.

POSADERA.- Sí, mi buen, maese Trampa; ya le hemos hecho ejecutar legalmente.

TRAMPA.- Puede que cueste la vida a alguno de nosotros, porque se va a defender a puñalada limpia.

POSADERA.- ¡Día maldito! Tened mucho cuidado con él; me ha apuñaleado en mi propia casa y eso de la manera más brutal. A la verdad, cuando echa el arma fiera, no se preocupa del mal que hace; juega de punta como un diablo, no perdona hombre, ni mujer, ni niño.

GARRA.- Si puedo agarrarlo bien, no me importa su arma.

POSADERA.- Ni a mí tampoco; yo os echaré una mano.

GARRA.- ¡Si puedo echarle la zarpa una sola vez y tenerlo entre estas tenazas!

POSADERA.- Su partida me arruina; os aseguro que tiene en casa una cuenta de nunca acabar. Mi buen maese Garra, agarradlo bien; no le dejéis escapar, mi buen maese Trampa. Va continuamente a la boca-calle, salvo vuestro respeto, a comprar una silla; está complicado a comer en la Cabeza del Leopardo, en casa de maese Pulido, el mercader de sedas, en Lombard-Strect. Os ruego pues, ya que mi ejecución está registrada y mi caso tan notoriamente conocido del mundo entero, obligadle a arreglar cuentas. Cien marcos es una carga muy pesada para una pobre mujer sola. Y me he aguantado, aguantado y me la ha pegado, pegado, que es una vergüenza recordarlo. Un proceder semejante es indecente, a menos que no se haga de una mujer un asno, una bestia, para soportar todo al primer pillo que llegue.

(Entra Sir John Falstaff, el Paje y Bardolfo)

Helo aquí que viene y con él ese pícaro redomado de nariz de malvasía, Bardolfo. Haced vuestro oficio, maese Garra, haced vuestro oficio, maese Trampa, hacedme, hacedme vuestro oficio.

FALSTAFF.- ¿Qué es esto? ¿Quién ha perdido aquí la muja? ¿De qué se trata?

GARRA.- Sir John, os arresto a requisición de Mistress Quickly.

FALSTAFF.- ¡Atrás, canalla! - Desenvaina, Bardolfo, córtame la cabeza de ese villano y échame esa zorra al canal.

POSADERA.- ¿Echarme al canal? ¡Soy yo quien voy a echarte al canal! ¡Ensaya, ensaya, inmundo bastardo! ¡Homicidio! ¡Homicidio! ¡Malvado asesino! ¿Quieres matar a los oficiales de Dios y del rey? Eres un asesino, un bandido, matador de hombres y mujeres.

FALSTAFF.- Haz despejar esa canalla, Bardolfo.

GARRA.- ¡Ayuda, ayuda!

POSADERA.- Buenas gentes, dadnos un golpe de mano, o dos. ¡Ah! no quieres, ¿eh? ¿Conque no quieres? ¡Ahora verás, asesino, canalla!

FALSTAFF.- ¡Atrás, fregona hedionda, atrás, víbora o te acaricio la catástrofe!

(Entra el Lord Justicia Mayor y su séquito)

LORD JUSTICIA.- ¿Qué es esto? ¡Queréis cesar de alborotar!

POSADERA.- Mi buen lord, sedme favorable, sostenedme, ¡os conjuro!

LORD JUSTICIA.- ¿Cómo es esto, Sir John? ¿Qué escándalo estáis produciendo? ¿Es éste vuestro sitio, en estos momentos y así cumplís vuestra misión? Deberíais estar ya muy adelante en el camino de York.-

(Al corchete) Soltadle, muchacho; ¿porqué te aferras a él?

POSADERA.- ¡Oh! mi muy venerable lord, permítame Vuestra Gracia decirle que soy una pobre viuda de Eastcheap y que le prenden a mi requisición.

LORD JUSTICIA.- ¿Por qué suma?

POSADERA.- Es más que por algo, milord, es por todo, por todo lo que poseo; me ha comido la casa y el hogar entero; ha trasladado toda mi sustancia dentro de esa gruesa panza pero quiero que me devuelva algo o he de cabalgar sobre ti todas las noches como una pesadilla.

FALSTAFF.- Me parece más probable que sería yo quien cabalgara la yegua, por poco que me favoreciera el terreno.

LORD JUSTICIA.- ¿Qué significa esto, Sir John? ¿Qué hombre decente podría sufrir esta tempestad de denuestos? ¿No tenéis vergüenza de obligar a una pobre viuda a recurrir a esa violencia para recuperar lo que es suyo?

FALSTAFF.- (A la posadera) ¿A qué suma asciende el total de lo que te debo?

POSADERA.- ¡Caramba! Tu persona y tu dinero, si fueras un hombre honrado. ¿No me juraste, sobre un jarro con figuras doradas, sentado en mi cuarto del Delfín, en la mesa redonda, cerca de un buen fuego, el miércoles de Pentecostés, el día en que el príncipe te rajó la cabeza porque comparaste a su padre con un cantor de Windsor, no me juraste, cuando estaba lavándote la herida, casarte conmigo y hacer de mi milady Falstaff? ¿Puedes negarlo? ¿Acaso en ese momento no entró Doña Sólida, la mujer del carnicero y me llamó comadre Quickly? Venía a pedirme prestado un poco de vinagre, diciendo que tenía un buen plato de langostinos; por lo que deseaste comer algunos, a lo que contestó que eran malos para una herida abierta. ¿Y no me dijiste, cuando Doña Sólida había ya bajado la escalera, que deseabas que no me familiarizara tanto con esa especie de gentes, añadiendo que antes de poco tendrían que llamarme Milady? ¿Y no me besaste entonces, pidiéndome te fuera a buscar treinta chelines? Ahora, te exijo jures sobre la Sagrada Escritura si es o no cierto. Niégalo, si puedes.

FALSTAFF.- Milord, es una pobre loca, anda diciendo por todos los rincones de la ciudad, que su hijo mayor se os parece. Ha estado en buena situación y la verdad es que la pobreza le ha perturbado el cerebro. Pero en cuanto a estos groseros corchetes, me permitiréis presente una reclamación contra ellos.

LORD JUSTICIA.- Sir John, Sir John, conozco perfectamente vuestra manera de torcer la buena causa por el mal camino. No es un aspecto confiado, ni ese flujo de palabras que dejáis escapar con un descaro más que imprudente, que pueden desviarme de mi estricto deber; me parece que habéis abusado de la complaciente simplicidad de espíritu de esta mujer y la habéis convertido en sierva de vuestra persona tanto en cuerpo como en bienes.

POSADERA.- ¡Esa, esa es la verdad, milord!

LORD JUSTICIA.- ¡Vamos, silencio!... Pagadle lo que le debéis y reparad el daño que le habéis hecho. Lo primero podéis hacerlo en moneda esterlina; lo segundo con la penitencia de costumbre.

FALSTAFF.- Milord, no sufriré esa represión sin replicar. Llamáis imprudente descaro a la honorable franqueza. Si un hombre hace muchas cortesías, sin decir palabra, es virtuoso. No, milord, sin olvidar, mis humildes deberes para con vos, no os hablaré en tono de súplica: os digo que deseo que se me desembarace de estos corchetes, porque el servicio del rey me reclama con premura.

LORD JUSTICIA.- Habláis en un tono como si tuvieseis derecho a hacer el mal; contestad como corresponde a vuestro carácter y satisfaced a esta pobre mujer.

FALSTAFF.- Óyeme, posadera.

(Toma aparte a la posadera)

(Entra Gower)

LORD JUSTICIA.- Y bien, maese Gower, ¿qué noticias?

GOWER.- El rey, milord, y el príncipe Enrique de Gales, están al llegar. Este papel os dirá el resto.

FALSTAFF.- (A la posadera) ¡Palabra de caballero!

POSADERA.- No, lo mismo decíais antes.

FALSTAFF.- ¡Palabra de caballero!... Vamos, no hablemos más de eso.

POSADERA.- Por esta tierra cubierta de cielo que piso, me voy a ver obligada a empeñar toda mi plata labrada y los tapices de mis comedores.

FALSTAFF.- Vasos, vasos es todo lo que se necesita para beber; en cuanto a las paredes, cualquier historieta graciosa, como la del hijo pródigo o la cacería alemana, pintada al fresco, valen mil veces más que esas cortinas de cama o esas tapicerías apolilladas. Si puedes, que sean diez libras. Vamos, si no fueran tus humores, no habría mujer que te valiera en Inglaterra. Ve, lávate la cara y retira tu queja. No te vuelvas a poner de mal humor conmigo. ¿No me conoces acaso? Vamos, ya sé que te han impulsado a obrar así.

POSADERA.- Te ruego, Sir John, ¡que no sean más que veinte nobles! Voy a tener que empeñar toda la vajilla, toda entera, te lo juro.

FALSTAFF.- No hablemos más de eso; buscaré otro arbitrio; serás una tonta toda tu vida.

POSADERA.- Bien, tendrás la suma, aunque tenga que empeñar hasta el vestido. Espero que vendréis a cenar a casa. ¿Me pagaréis todo junto?

FALSTAFF.- ¿Viviré? Ve con ella, ve con ella, (a Bardolfo) engatúsala, engatúsala.

POSADERA.- ¿Queréis que Dorotea Rompe-Sábana cene con vos?

FALSTAFF.- Que venga y basta de charla.

(Salen la Posadera, Bardolfo, los corchetes y el paje)

JUSTICIA.- He oído mejores noticias.

FALSTAFF.- ¿Qué noticias son, mi buen lord?

LORD JUSTICIA.- ¿Dónde durmió el rey la última noche?

GOWER.- En Basingstoke, señor.

FALSTAFF.- Espero, milord, que todo va bien. ¿Qué noticias hay, milord?

LORD JUSTICIA.- (A Gower) ¿Todas sus fuerzas han regresado?

GOWER.- No; mil quinientos infantes y quinientos jinetes van a unirse a milord de Lancaster, para marchar contra Northumberland y el Arzobispo.

FALSTAFF.- ¿El rey vuelve del país de Gales, milord?

LORD JUSTICIA.- Os daré en breve algunas cartas; venid, venid conmigo, buen maese Gower.

FALSTAFF.- ¿Milord?

LORD JUSTICIA.- ¿Qué hay?

FALSTAFF.- (A Gower) Maese Gower, ¿comeréis conmigo?

GOWER.- Tengo que esperar aquí las órdenes de milord; os agradezco, buen Sir John.

LORD JUSTICIA.- Sir John, haraganeáis aquí demasiado, teniendo que reclutar soldados en los condados por donde paséis.

FALSTAFF.- ¿Queréis cenar conmigo, maese Gower?

LORD JUSTICIA.- ¿Quién es el imbécil profesor que os ha enseñado esas maneras, Sir John?

FALSTAFF.- (A Gower siempre) Maese Gower, si esas maneras no me van bien, es un imbécil quien me las enseñó. Es la gracia perfecta de la esgrima, milord; golpe por golpe y a mano.

LORD JUSTICIA.- ¡Que el Señor te ilumine! ¡Eres un gran mentecato!

(Salen)

Enrique IV: Segunda parte, Acto II, Escena II

ACTO II

ESCENA II

LONDRES- Otra calle.

(Entran el Príncipe Enrique y Poins)

PRÍNCIPE ENRIQUE.- Créeme que estoy excesivamente fatigado.

POINS.- ¿Cómo es posible? Nunca hubiera creído que el cansancio se atreviera con una persona tan altamente colocada.

PRÍNCIPE ENRIQUE.- Y sin embargo, es cierto, aunque esa confesión empañe el esplendor de mi grandeza. ¿No es una indignidad de mi parte tener ganas de beber cerveza ordinaria?

POINS.- La verdad es que un príncipe no debería tener el gusto tan depravado para recordar ni la existencia de esa insulsa droga.

PRÍNCIPE ENRIQUE.- Hay que convenir entonces en que mi apetito no es de naturaleza real, porque te doy mi palabra que en este momento recuerdo la existencia de esa humilde bebida. Pero el hecho es que tan triviales reflexiones me harían perder el cariño a mi grandeza. ¿Qué mayor desgracia para mí que recordar tu nombre? ¿O reconocer mañana tu cara? ¿O tomar nota de cuántos pares de medias de seda tienes: a saber, estas y aquellas que en otro tiempo fueron color durazno? ¿O llevar el inventario de tus camisas, así: una para el diario, la otra de gala? Pero, en ese punto, el guardián del juego de pelota es más fuerte que yo, porque debes estar muy en baja marea de ropa, cuando no empuñas una raqueta allí. Si hace tiempo que no te entregas a ese ejercicio, ha de ser porque tus Países-Bajos han encontrado el medio de consumir tu Holanda. Y sabe Dios si los chicuelos que heredan las ruinas de tu ropa blanca, heredarán el reino de los cielos; pero las comadronas dicen que los niños no tienen la culpa. De esa manera el mundo se aumenta y las parentelas se fortalecen poderosamente.

POINS.- ¡Qué mal suena, después de vuestras duras proezas, ese lenguaje fútil en vuestros labios! Decidme, ¿cuántos buenos jóvenes príncipes harían lo que hacéis, estando sus padres enfermos como está el vuestro en este momento?

PRÍNCIPE ENRIQUE.- ¿Debo decirte una cosa, Poins?

POINS.- Sí, con tal que sea algo de primera.

PRÍNCIPE ENRIQUE.- De todas maneras, siempre será muy buena para un espíritu de tu calibre.

POINS.- Adelante; espero a pie firme el choque de la cosa que queréis decirme.

PRÍNCIPE ENRIQUE.- Bien; te diré que no me conviene mostrarme triste, ahora que mi padre está enfermo; sin embargo, puedo decirte (como a alguien que se antoja, a falta de otro mejor, llamar amigo) que podría estar triste y bien triste a la verdad.

POINS.- No es cosa fácil, si es por esa causa.

PRÍNCIPE ENRIQUE.- Por mi fe que me juzgas ya tan en las buenas gracias del demonio, como tú o Falstaff, por lo empedernido de mi perversidad. Tiempo al tiempo y verás el hombre. Pero te lo digo: mi corazón sangra por dentro, de que mi padre esté enfermo. En una compañía tan vil como la tuya, he debido naturalmente evitar toda ostentación de dolor.

POINS.- ¿Y porqué razón?

PRÍNCIPE ENRIQUE.- ¿Qué pensarías de mí, si me vieras llorar?

POINS.- Pensaría que eres el príncipe de los hipócritas.

PRÍNCIPE ENRIQUE.- Así pensaría todo el mundo. ¡Hombre feliz, que piensas como todo el mundo! ¡Jamás el pensamiento de un hombre siguió mejor la senda trillada que el tuyo! En efecto, en la idea del vulgo, debo ser un hipócrita. ¿Y qué es lo que determina a vuestro venerable pensamiento a pensar así?

POINS.- Habéis sido tan disoluto, tan estrecha vuestra vinculación con Falstaff...

PRÍNCIPE ENRIQUE.- Y Contigo.

POINS.- Por la luz que nos alumbra, tengo buena reputación y puedo oír con las dos orejas lo que se dice de mí. Lo peor que puede decirse es que soy un segundón de familia y un joven con cierta habilidad de manos- y contra esos cargos, lo confieso, no tengo réplica.- ¡Por la Misa! ahí viene Bardolfo.

PRÍNCIPE ENRIQUE.- Y el muchacho que di a Falstaff. Era un cristiano cuando se lo entregué; mira como ese obeso pillo le ha transformado en mono.

(Entran Bardolfo y el Paje)

BARDOLFO.- ¡Salud a Vuestra gracia!

PRÍNCIPE ENRIQUE.- Y a la tuya, nobilísimo Bardolfo.

BARDOLFO.- Ven aquí, (al paje) ¡virtuoso burro, bobo encogido, siempre ruborizándote! ¿Porqué te ruborizas ahora? ¡Vaya un hombre de armas virginal! ¿Es tan grave asunto quitarle la virginidad a un jarro de cerveza?

PAJE.- Hace un momento, milord, me llamó a través de una celosía roja y no pude distinguir parte alguna de su cara del enrejado de la ventana. Por fin, apercibí sus ojos y me pareció que había hecho dos agujeros en el delantal nuevo de la tabernera y que atisbaba a través.

PRÍNCIPE ENRIQUE.- ¡Pues no ha aprovechado el muchacho!

BARDOLFO.- ¡Fuera de aquí, hijo de p..., conejo tieso, fuera de aquí!

PAJE.- ¡Fuera tú mismo, indecente, sueño de Altea!

PRÍNCIPE ENRIQUE.- Instrúyenos, muchacho; ¿qué sueño es ese?

PAJE.- Pardiez, milord, Altea soñó que había parido un tizón ardiente; por eso le llamo sueño de Altea.

PRÍNCIPE ENRIQUE.- Esa interpretación corona; toma.

(Le da dinero)

POINS.- ¡Oh! ¡pueda esta hermosa flor preservarse de los gusanos! Toma, aquí tienes seis peniques para preservarte.

BARDOLFO.- Si vuestra compañía no le conduce a la horca, defraudará al verdugo.

PRÍNCIPE ENRIQUE.- ¿Y cómo va tu amo, Bardolfo?

BARDOLFO.- Bien, milord; supo el regreso de Vuestra Gracia a la ciudad; aquí traigo una carta para vos.

POINS.- ¡Entregada muy respetuosamente! ¿Y cómo va esa remota primavera de tu patrón?

BARDOLFO.- Como, salud del cuerpo, bien.

POINS.- Pardiez, la parte inmortal necesita médico; pero eso no le preocupa; por más enferma que esté, esa parte no muere.

PRÍNCIPE ENRIQUE.- Permito a ese lobanillo ser tan familiar conmigo como a mi perro; así, abusa del privilegio. Ved como me escribe.

POINS.- (Lee) *John Falstaff hidalgo...* Todo el mundo tiene que saberlo, cada vez que encuentra ocasión de nombrarse. Exactamente como esos que tienen parentesco con el rey y que no se pinchan un dedo sin decir: *¡he ahí sangre real que corre! ¿Cómo así?* dice alguno que afecta, no comprender. La respuesta es tan pronta como el saludo de un petardista: *Soy el pobre primo del rey, señor.*

PRÍNCIPE ENRIQUE.- Sí, quieren ser nuestros parientes, aunque tengan que remontarse hasta Japet. Pero, a la carta.

POINS.- *Sir John Falstaff hidalgo, al hijo del rey, el primero después de su padre, Harry, príncipe de Gales, ¡salud!* ¡Parece un testimonio!

PRÍNCIPE ENRIQUE.- ¡Vamos!

POINS.- *Quiero imitar al honorable Romano en su brevedad...,* querrá decir en la brevedad de aliento, respiración entrecortada. *Me encomiendo a ti, te encomiendo al cielo- y te saludo-. No seas muy familiar con Poins, porque abusa de tus favores hasta el punto de jurar que vas a casarte con su hermana Nelly. Arrepiéntete como puedas del tiempo mal empleado y con esto, adiós. Tuyo, sí o no, (según tú me trates) Jack Falstaff para mis íntimos; John, para mis hermanos y hermanas; y Sir John para toda la Europa.*

Milord, voy a empapar esta carta en vino y se la voy a hacer tragar.

PRÍNCIPE ENRIQUE.- Lo harás tragar veinte de sus palabras. ¿Con que es así que me tratas, Ned? ¿Con que debo casarme con tu hermana?

POINS.- ¡Pueda la infeliz no tener peor fortuna! Pero nunca dije eso.

PRÍNCIPE ENRIQUE.- Vamos, estamos jugando con el tiempo como locos y los espíritus de la cordura se ciernen en las nubes y se burlan de nosotros. ¿Está tu amo aquí en Londres?

BARDOLFO.- Sí, milord.

PRÍNCIPE ENRIQUE.- ¿Dónde cena? ¿El viejo jabalí se apacienta siempre en la vieja pocilga?

BARDOLFO.- En el viejo sitio, milord, en Eastcheap.

PRÍNCIPE ENRIQUE.- ¿En qué compañía?

BARDOLFO.- Borrachones, milord, de la vieja escuela.

PRÍNCIPE ENRIQUE.- ¿Cenan algunas mujeres con él?

BARDOLFO.- Ninguna, milord, fuera de la vieja mistress Quickly y de Doña Dorotea Rompe-Sábana.

PRÍNCIPE ENRIQUE.- ¿Qué especie de pagana es esa?

BARDOLFO.- Una señora de pro, milord, una parienta de mi señor.

PRÍNCIPE ENRIQUE.- Sí, parienta a la manera que las vacas de la parroquia lo son del toro de la aldea... ¿Si les sorprendiéramos cenando, Ned?

POINS.- Soy vuestra sombra, milord; os seguiré.

PRÍNCIPE ENRIQUE.- Pardiez, muchacho y tú, Bardolfo, ni una palabra a vuestro amo de que ya he llegado a la ciudad. Esto por vuestro silencio.

(Les da dinero)

BARDOLFO.- No tengo lengua, señor.

PAJE.- Y en cuanto a la mía, señor, la dominare.

PRÍNCIPE ENRIQUE.- Adiós, pues; podéis iros.

(Salen Bardolfo y Paje)

Esta Dorotea Rompe-Sábana debe ser una vía pública.

POINS.- Os lo garantizo, tan pública como el camino de Saint Albans a Londres.

PRÍNCIPE ENRIQUE.- ¿Cómo podríamos ver a Falstaff esta noche mostrarse bajo sus verdaderos colores, sin ser vistos nosotros?

POINS.- Pongámonos chaquetas y delantales de cuero y sirvámosle a la mesa como si fuéramos mozos de taberna.

PRÍNCIPE ENRIQUE.- ¡De Dios a toro! ¡Grave caída! Fue el caso de Júpiter. ¡De príncipe a aprendiz! ¡Baja transformación! Esa será la mía, porque en todas las cosas, el objetivo compensa la locura. Sígueme, Ned.

(Salen)

Enrique IV: Segunda parte, Acto II, Escena III

ACTO II

ESCENA III

WARKWORTH- Delante del Castillo.

(Entran Northumberland, lady Northumberland y lady Percy)

NORTUMBERLAND.- Te ruego, amada esposa y a ti, gentil hija, dejadme dar libre curso a mis severos designios, no toméis la expresión de las circunstancias y no seáis, como ellas, importunas a Percy.

LADY NORTUMBERLAND.- No, ya he cesado, no hablaré más; haced lo que queráis. Que vuestra prudencia sea vuestro guía.

NORTUMBERLAND.- ¡Ay! querida mía, mi honor está empeñado y solo mi partida puede redimirlo.

LADY PERCY.- No, os conjuro por la salud divina, ¡no vais a esa guerra! Hubo un tiempo, padre, en que faltasteis a vuestra palabra, cuando os ligaban vínculos más queridos que ahora; cuando vuestro propio Percy, el Harry querido a mi alma, arrojó más de una mirada al Norte, para ver si su padre, le traía sus refuerzos; pero en vano suspiró. ¿Quién os persuadió entonces a quedaros en vuestra casa? Hubo dos honores perdidos: el vuestro y el de vuestro hijo. El vuestro.., ¡quiera el cielo reavivarlo gloriosamente! El suyo... estaba adherido a él como el sol a la bóveda gris del cielo y con su luz guiaba a todos los caballeros de la Inglaterra a los hechos brillantes. Era, a la verdad, el espejo al que la noble juventud se ajustaba; todos imitaban su modo de andar- y el brusco lenguaje, que era su defecto natural, se había convertido en el idioma de los bravos; porque aquellos mismos que hablaban bajo y reposadamente, se corrigieron de esa calidad como de una imperfección, a fin de parecérsele. Taiito que, en palabras, en continente, en gustos, en obligaciones, placeres, en disciplina militar, en humoradas, era el parangón y el espejo, la copia y el libro, sobre el que los demás se modelaban. ¡Y a él, a ese prodigio, a ese milagro de los hombres, habéis abandonado!- No habéis secundado a aquel que nunca tuvo segundo. Le dejasteis afrontar el horrible Dios de la guerra desaventajado y sostener un campo de batalla donde solo el eco del nombre de Hotspur era elemento de lucha. Así le abandonasteis. Nunca, ¡oh! ¡nunca, hagáis a su sombra la afrenta de mantener vuestra palabra con más religión a los otros que a el! Dejadlos solos. El mariscal y el arzobispo son fuertes. ¡Si mi dulce Harry hubiera tenido la mitad de sus tropas, podría hoy, colgada del cuello de mi Hotspur, hablar de la tumba de Monmouth!

NORTHUMBERLAND.- ¡Amargo y duro tienes el corazón, mi gentil hija! Abates mi espíritu, haciéndole de nuevo lamentar pasados errores. Pero debo ir a hacer frente al peligro; si no me buscará en otra parte y me encontrará menos preparado.

LADY NORTHUMBERLAND.- ¡Oh! huye a Escocia, hasta que los nobles y las comunas armadas hayan hecho un primer ensayo de sus fuerzas.

LADY PERCY.- Si ganan terreno y obtienen ventajas sobre el rey, entonces uníos a ellos, como un puntal de acero, para fortalecer su pujanza; pero, por todo lo que amamos, dejadles que primero se ensayen ellos mismos. Así hizo vuestro hijo, así permitisteis que hiciera, así quedé yo viuda, y jamás tendré bastante vida para regar mi recuerdo con mis lágrimas, de manera que crezca y se eleve tan alto como los cielos, en memoria de mi noble esposo.

NORTHUMBERLAND.- Vamos, vamos, entrad conmigo. Sucede a mi espíritu lo que a la marea cuando, llegada a su mayor altura, queda inmóvil entre dos direcciones. De buena gana iría a reunirme con el arzobispo, pero mil razones me detienen. Resuelvo ir a Escocia; allí permaneceré hasta que el momento y la ocasión exijan mi regreso.

(Salen)

Enrique IV: Segunda parte, Acto II, Escena IV

ACTO II
ESCENA IV

LONDRES- Un cuarto en la Taberna del Jabalí en Eastcheap.

(Entran dos mozos de taberna)

1er. Mozo.- ¿Qué diablos traes ahí? ¿Peras de San Juan? Bien sabes que Sir John no puede sufrir sus tocayas.

2° Mozo.- ¡Por la Misa, que dices la verdad! Una vez, el príncipe colocó un plato de esas peras delante de él y le dijo que ahí había cinco Sir Johns más; luego, sacándose el sombrero, añadió: ahora voy a despedirme de esos seis secos, redondos, viejos y arrugados caballeros. Eso le irritó hasta el alma; pero ya lo ha olvidado.

1er. Mozo.- Bien, entonces tápalas, y sírvelas. Ve si puedes encontrar la charanga de Mosca Muerta en alguna parte; Doña Rompe-Sábana oiría con gusto un poco de música. Despáchate; el cuarto en que van a cenar está demasiado caliente, van a venir ahora mismo.

2° Mozo.- El príncipe y Poins van a estar aquí dentro de un momento; van a ponerse dos de nuestras chaquetas y delantales de cuero. Sir John no debe saberlo; Bardolfo vino a decirlo.

1er. Mozo.- Por la Misa que va a ser una farsa de primera, una estratagema excelente.

2° Mozo.- Me voy a ver si puedo encontrar a Mosca Muerta.

(Sale)

(Entran la Posadera y Dorotea Rompe-Sábana)

POSADERA.- A fe mía, corazoncito de mi alma, me parece que estáis ahora en un buen y excelente temple; vuestra pulsación bate tan extraordinariamente como el corazón puede desearlo y os garantizo que vuestro color está tan rojo como el de una rosa. Pero, a la verdad, habéis bebido demasiado Canarias y es ese un vino maravilloso y penetrante, que os perfuma la sangre antes de poder decir: *¿qué es esto? ¿Cómo os encontráis?*

DOROTEA.- Mejor que hace un momento, ¡Hem!

POSADERA.- Vamos, tanto mejor; un buen corazón vale oro. Mirad, ahí viene Sir John.

(Entra Falstaff, tarareando)

FALSTAFF.- *Cuando Arturo vino a la Corte... Vaciad el orinal. Yera un buen rey...*

(Sale el mozo)

¿Qué tal mistress Doil?

POSADERA.- No se encuentra bien... Unas náuseas...

FALSTAFF.- Así son todas; si no os les vais encima, se ponen malas.

DOROTEA.- Canalla fangoso, ¿es ese todo el consuelo que me das?

FALSTAFF.- Vos hacéis engordar a los Canallas, mistress Doil.

DOROTEA.- ¡Que yo los hago engordar! Los hincha la glotonería y la enfermedad, no yo.

FALSTAFF.- Si el cocinero ayuda a la glotonería, vos ayudáis a la enfermedad, Doil, las pescamos de vosotras Doil, conviene en ello, mi pobre virtud, conviene en ello.

DOROTEA.- Sí, pardiez, lo que nos pescáis son nuestras cadenas y nuestras alhajas.

FALSTAFF.- (Tarareando) *Vuestros broches, perlas y botones.*

Para servir como un valiente, es necesario, sabéis, avanzar con firmeza, avanzar valientemente sobre la brecha con la pica tendida, entregarse valientemente al cirujano, aventurarse valientemente sobre las piezas cargadas...

DOROTEA.- Vete a los demonios, cenagoso congrio, ahórcate con tus manos.

POSADERA.- ¡Siempre la misma historia! No podéis estar juntos sin poneros a discutir en el acto. A la verdad, sois ambos tan caprichosos como dos tostadas secas que no pueden ajustarse una a otra.

(A Dorotea)

¡Mal año! Uno debe soportar al otro y ese debe ser vos; sois el navío más débil, como dicen, el más vacío.

DOROTEA.- ¿Puede acaso un débil navío vacío soportar semejante tonel repleto? Tiene dentro todo un cargamento de Burdeos. Nunca habéis visto un barco con la bodega tan cargada. Vamos, seamos amigos, Jack; vas a partir a la guerra y si te volveré a ver o no, es cuestión que a nadie interesa.

(Vuelve el mozo)

MOZO.- Señor, el porta-insignia Pistola está ahí abajo y desea hablaros.

DOROTEA.- ¡Que el diablo se lleve a ese camorrista! No le dejéis entrar aquí; es el pillo de boca más sucia que hay en Inglaterra.

POSADERA.- Si arma camorras, que no entre aquí; no, a fe mía, que tengo que vivir entre mis vecinos; no quiero pendencieros. Tengo buen nombre y buena fama entre la gente más honorable... Cerrad la puerta: aquí no me entran camorristas. No he vivido hasta hoy para tener camorras ahora; cerrad la puerta, por favor.

FALSTAFF.- ¿Puedes oírme, posadera?

POSADERA.- Os lo ruego, pacificaos, Sir John; no entran pendencieros aquí.

FALSTAFF.- Pero óyeme, es mi porta-insignia.

POSADERA.- ¡Ta! ¡ta! ¡ta! no me habléis de eso, Sir John. Vuestro insigne fanfarrón no entrará por mis puertas. Me encontraba el otro día en presencia de maese Tísico, el diputado- y como me dijera (no más tarde que el miércoles último)... *Vecina Quickly*-, me dijo... Maese Mudo, el predicador, estaba también allí... *Vecina Quickly*, me dijo, *recibid a la gente culta; porque*, añadió, *tenéis mala reputación...* Bien sé yo porqué me decía eso... *Porqué, pero, sois una mujer honrada y estimada; en consecuencia, tened mucho cuidado con los huéspedes que recibís. No recibáis*, dijo, *gente camorrista.* No entran aquí... Os habríais maravillado de oír a maese Tísico. ¡No, nada de camorristas!

FALSTAFF.- No es un camorrista, posadera, es un petardista inofensivo; podéis acariciarlo con tanta seguridad como a un perrillo faldero; no haría frente a una gallina de Berbería, apenas erizara ésta las plumas y se pusiera en defensa. Hazle subir, tú, mozo.

POSADERA.- ¿Un petardista, decís? Mi casa no está cerrada a ningún hombre honrado ni a ningún petardista; pero no quiero camorras. Mi palabra, me siento mal cuando alguien habla de pendencias. Ved, señores, como tiemblo, mirad, os lo aseguro.

DOROTEA.- En efecto, posadera.

POSADERA.- ¿No es verdad? Sí, a fe mía, tiemblo como una hoja; no puedo sufrir los camorristas.

(Entran Pistola, Bardolfo y el Paje)

PISTOLA.- Dios os guarde, Sir John.

FALSTAFF.- Bien venido, porta-insignia Pistola. Vamos, Pistola, os cargo con una copa de Canarias; descargad sobre nuestra posadera.

PISTOLA.- Voy a descargarle dos tiros, Sir John.

FALSTAFF.- Es a prueba de bala, señor mío; dificilmente podréis entrarle.

POSADERA.- No tragaré ni pruebas ni balas; no beberé sino lo que me de la gana, por el placer de ningún hombre, ¿estamos?

PISTOLA.- A vos, pues, mistress Dorotea; preparaos, que os cargo,

DOROTEA.- ¿Cargarme a mí? Te desprecio, asqueroso bribón. ¿Cómo? ¡Vos, mendigo, vil pillete, canalla, tramposo, harapiento! ¡Atrás, villano mohoso, atrás! Este bocado es para tu amo.

PISTOLA.- ¡Nos conocemos, Dorotea!

DOROTEA.- ¡Fuera de aquí, vil ratero, inmundo tarugo, fuera de aquí! Por este vino, que os encajo el cuchillo en ese cachete enmohecido si os atrevéis conmigo. ¡Fuera, botellón de cerveza! ¡Truhán repleto de imposturas! ¿Desde cuando, señor mío? ¿Y todo por esas charreteras en los hombros? ¡Gran cosa!

PISTOLA.- Eso merece que te estruje la gorguera.

FALSTAFF.- Basta, Pistola; no quiero que estalléis aquí. Descargaos fuera de nuestra compañía, Pistola.

POSADERA.- No, mi buen capitán Pistola; aquí no, mi querido capitán.

DOROTEA.- ¡Capitán! Abominable y maldecido estafador, no tienes vergüenza de oírte llamar: ¿capitán? Si los capitanes fueran de mi opinión, te apalearían por engalanarte con ese título antes de ganarlo. Tú capitán, ¡villano! ¿Y porqué? ¿Por haber maltratado una pobre p... en un burdel? ¡Capitán, él! ¡Que te ahorquen, canalla! Un hombre que vive de ciruelas podridas y de galleta seca. ¡Un capitán! Estos bellacos concluirán por hacer la palabra capitán tan odiosa como la palabra poseer, que era una excelente y buena palabra antes de ser mal empleada. Los capitanes deberían prestar atención a esto.

BARDOLFO.- Vamos, desciende, te lo ruego, buen porta.

FALSTAFF.- Escucha, Dorotea.

PISTOLA.- ¡Que no me voy! Te lo declaro, Bardolfo; ¡la voy a hacer pedazos, me voy a vengar sobre ella!

PAJE.- Te lo ruego, vete.

PISTOLA.- Primero quiero verla condenada, en el maldito lago de Plutón, en el abismo infernal, en brazos del Erebo y en las más viles torturas. Retirad líneas y anzuelos, ¡digo! ¿Fuera? ¡Fuera, perros! ¡Fuera, traidores! ¿No tenemos a Irene aquí?

POSADERA.- Buen capitán Pistola, tranquilizaos; es ya muy tarde; os lo ruego, agravad vuestra cólera.

PISTOLA.- ¡Vaya una broma! ¿Acaso las bestias de carga, rocines de Asia hartos y huecos, incapaces de andar treinta millas al día, pueden compararse con los Césares y los Caníbales y los Griegos Troyanos? No, antes sean condenados con el rey Cerbero y que ruja el cielo. ¿Vamos a rompernos el alma por tales nimierías?

POSADERA.- Por mi alma, capitán, ¡son esas palabras muy amargas!

BARDOLFO.- Vamos, partid, buen porta; aquí va a haber barullo.

PISTOLA.- ¡Que los hombres mueran como perros! ¡Que las coronas se den como alfileres! ¿No tenemos a Irene aquí?

POSADERA.- Mi palabra, capitán, que no tenemos aquí nada semejante. ¡Mal año! ¿Creéis que lo negaría? En nombre del cielo, ¡calmaos!

PISTOLA.- Entonces come y engorda, bella Calípolis. Vamos, dame un poco de vino. Si fortuna me tormenta, sperato me contenta. ¿Temer las andanadas, nosotros? No, ¡que el diablo haga fuego! Dadme de beber; y tú, mi dulce bien, reposa aquí a mi lado.

(Coloca su espada en el suelo)

¿Pondremos punto final aquí? ¿Los etcétera no valen nada?

FALSTAFF.- ¡Pistola, quiero estar tranquilo!

PISTOLA.- Suave hidalgo, beso tu puño... ¡Bah! hemos visto los siete astros.

DOROTEA.- Echadlo escaleras abajo; no puedo aguantar este enfático bribón.

PISTOLA.- ¡Echadlo escaleras abajo! ¿Cómo? ¿No conocemos acaso las jacas galenses?

FALSTAFF.- Hazlo rodar, Bardolfo, como un tejo. Si no hace nada aquí sino decir sandeces, está aquí demás.

BARDOLFO.- Vamos, baja.

PISTOLA.- ¿Cómo? ¿Vamos a proceder a las incisiones? ¿Empiezan las sangrías?

(Desnudando la espada)

¡Que la muerte me arrebate dormido y abrevie mis tristes días! ¡Que crueles, profundas y anchas heridas desenmarañen el copo de las tres hermanas! ¡A mí, Atropos, a mí!

POSADERA.- ¡Qué gresca colosal!

FALSTAFF.- Muchacho, dame mi espada.

DOROTEA.- ¡Te ruego, Jack, te ruego, no desenvaines!

FALSTAFF.- (Desenvainando y empujando a Pistola) ¡A ver si me bajas la escalera!

POSADERA.- ¡Esto se llama un tumulto de verdad! Voy a renunciar a tener casa antes de volver a pasar por estos trances y terrores. Eso es, un homicidio, ¡estoy segura! Por favor, por favor, envainad esas espadas desnudas.

(Salen Pistola y Bardolfo)

DOROTEA.- Te suplico, Jack, tranquilízate; ese pillo se ha ido. ¡Qué valiente p... querido eres, Jack!

POSADERA.- ¿No estáis herido en la ingle? Me pareció que te tiraba un puntazo traidor a la barriga.

(Vuelve Bardolfo)

FALSTAFF.- ¿Le habéis echado fuera?

BARDOLFO.- Sí, señor. El bribón está borracho. Le habéis herido en el hombro, señor.

FALSTAFF.- Semejante pillete, ¡atrevérseme!

DOROTEA.- ¡Briboncillo querido! Pobre monino, ¡cómo sudas! Deja que te enjugue la cara...Ven ahora, ¡canalla! ¡Ah! bandido, te amo en verdad. Eres tan valeroso como Héctor de Troya, más que cinco Agamenones y diez veces más que los nueve héroes. ¡Ah! villano!

FALSTAFF.- ¡Miserable esclavo! ¡Voy a darle un manteo!

DOROTEA.- Hazlo, si tienes corazón; si lo haces, te recompensaré entre dos sábanas

(Entra la música)

PAJE.- Ha llegado la música, señor.

FALSTAFF.- Pues que toque; tocad, maestros. Siéntate en mis rodillas, Doil. ¡Inmundo fanfarrón! Se me escapó de entre las manos como azogue.

DOROTEA.- ¡Es cierto, por mi fe y tú le seguías cómo una iglesia! ¡Ah! mi gentil p..., lechoncillo de San Bartolo, ¿cuándo cesarás de pelear durante el día y estoquear por la noche y empezarás a empaquetar tu vetusta persona para el otro mundo?

(Entran por el fondo de la escena el príncipe Enrique y Poins disfrazados de mozos de taberna)

FALSTAFF.- Calla, mi buena Doil. No me hables como una calavera; no me hagas recordar mi última hora...

DOROTEA.- Dime, ¿qué carácter tiene el príncipe?

FALSTAFF.- Un buen muchacho insignificante; habría sido un buen panetero, un buen peón de molino.

DOROTEA.- Dicen que Poins es muy espiritual.

FALSTAFF.- ¡El espiritual! ¡El diablo se lleve ese macaco! Tiene el espíritu más espeso que la mostaza de Tewksbury; no hay en él más imaginación que en un mazo.

DOROTEA.- ¿Y porqué le quiere tanto el príncipe?

FALSTAFF.- Porque ambos tienen las piernas del mismo tamaño; y juega bien al tejo; y come congrio con hinojo; y traga cabos de vela como frutas en aguardiente; y cabalga en un palo como los chiquillos; salta a pie junto por encima de los bancos; y blasfema con gracia; y se calza muy justo, como pierna de muestra; y no promueve riñas contando historias secretas; y en fin, porque tiene otras facultades de mono, que atestiguan un espíritu mezquino y un cuerpo flexible. Por eso el príncipe le admite a su lado; porque el príncipe mismo es otro que le vale. Si se pesaran, el peso de un cabello haría inclinar la balanza.

PRÍNCIPE ENRIQUE.- ¿Y no cortaremos las orejas a esa maza de rueda?

POINS.- Vamos a darle de palos delante de su p...

PRÍNCIPE ENRIQUE.- ¡Mira si el marchito viejo no tiene la cabeza pelada como un loro!

POINS.- ¿No es extraño que el deseo sobreviva tanto tiempo a la facultad de satisfacerlo?

FALSTAFF.- Bésame, Doil.

PRÍNCIPE ENRIQUE.- ¡Saturno y Venus en conjunción este año! ¿Qué dice de eso el almanaque?

POINS.- (Señalando a Bardolfo y a la posadera) Mirad ese triángulo de fuego, su escudero, lamiendo los archivos de su amo, su libro de notas, ¡su consejera!

FALSTAFF.- Me besoteas con adulonería.

DOROTEA.- No, en verdad; te beso de todo corazón.

FALSTAFF.- ¡Soy viejo, soy viejo!

DOROTEA.- Te quiero más que a cualesquiera de esos mocosuelos.

FALSTAFF.- ¿De qué tela quieres tener un vestido? Recibiré dinero el jueves; mañana tendrás una gorra. ¡Vamos, una alegre canción! Se hace tarde; vamos a acostarnos... Cuando no esté aquí, ¿me vas a olvidar?

DOROTEA.- Por mi vida que me vas a hacer llorar si me repites eso. Verás si me pueden probar que me haya acicalado una sola vez antes de tu vuelta. Vamos, oye el final de la canción.

FALSTAFF.- Vino, Paco.

PRÍNCIPE ENRIQUE Y POINS.- (Avanzando) ¡Al instante, al instante, señor!

FALSTAFF.- (Observándoles) ¡Ah! ¡ah! ¡un bastardo del rey! Y tú, ¿no eres un hermano de Poins?

PRÍNCIPE ENRIQUE.- ¡Oh! globo de continentes impuros, ¿no tienes vergüenza de la vida que haces?

FALSTAFF.- Mejor que la tuya; yo soy un caballero, tú un arrancado mozo de taberna.

PRÍNCIPE ENRIQUE.- Exactísimo; ha venido a arrancarte de aquí por las orejas.

POSADERA.- ¡Que el Señor preserve tu Gracia! ¡Por mi alma bien venido a Londres! ¡Que el Señor bendiga tu dulce cata! ¡Jesús mío! ¿Habéis vuelto, pues, del país de Gales?

FALSTAFF.- ¡Oh! h. de p..., compuesto de locura y majestad, por esta flaca carne y corrompida sangre, (poniendo la mano sobre Dorotea) ¡bien venido seas!

DOROTEA.- ¿Cómo, gordo indecente? ¡Te desprecio!

POINS.- Quiere alejar vuestra venganza y echarlo todo a chacota; no os descuidéis.

PRÍNCIPE ENRIQUE.- Inmunda mina de cebo, ¿que viles palabras sobre mí has pronunciado hace un momento delante de esta honesta, virtuosa y culta damisela?

POSADERA.- ¡Bendito sea vuestro buen corazón! Todo eso es, en verdad.

FALSTAFF.- ¿Me has oído tú?

PRÍNCIPE ENRIQUE.- Sí; me habrás reconocido sin duda, como el día que echaste a correr en Gadshill; sabrías que estaba detrás de ti y has hablado de esa manera para probar mi paciencia.

FALSTAFF.- No, no, no, no es así; no creía que pudieras oírme.

PRÍNCIPE ENRIQUE.- Entonces voy a obligarte a confesar la premeditación del insulto y entonces sabré como tratarte.

FALSTAFF.- No ha habido insulto, Harry, palabra de honor que no ha habido insulto.

PRÍNCIPE ENRIQUE.- ¿Que no? ¿Y no me has denigrado? ¿No me has llamado panetero, peón de molino y no sé que más?

FALSTAFF.- No ha habido insulto, Hal.

POINS.- ¡Que no ha habido insulto!

FALSTAFF.- Ningún insulto, Ned; ninguno, honesto Ned. Lo he despreciado ante los malvados, a fin de que los malvados no le cobren afecto; en lo que me he conducido como un amigo cariñoso y un súbdito fiel, por lo que tu padre me debe dar las gracias. Ningún insulto, Hal; ninguno, Ned: ni sombra de insulto, muchachos.

PRÍNCIPE ENRIQUE.- Y ahora, por miedo puro, por simple cobardía, ¡injurias a esta virtuosa damisela, para reconciliarte con nosotros! ¿Es ella uno de los malvados? ¿Lo es tu posadera, aquí presente? ¿Lo es este muchacho? El honesto Bardolfo, cuyo celo arde en su nariz, ¿es también de los malvados?

POINS.- Contesta, viejo olmo muerto, contesta.

FALSTAFF.- El diablo ha echado ya la garra sobre Bardolfo de una manera irrevocable; su cara es la cocina privada de Lucifer, en la que asa sin cesar borrachones. En cuanto al muchacho, si bien tiene un ángel bueno cerca de él también el demonio le domina.

PRÍNCIPE ENRIQUE.- En cuanto a las mujeres...

FALSTAFF.- Una de ellas está en el infierno hace rato y allí arde, ¡la pobre alma! En cuanto a la otra, le debo dinero; si por eso debe ser condenada, lo ignoro.

POSADERA.- No, te lo garantizo.

FALSTAFF.- No, no creo que lo seas. Creo que por ese lado puedes estar tranquila; pero hay otro motivo grave contra ti y es permitir comer carne en tu casa, contra lo que manda la ley; por lo que me parece que vas a aullar.

POSADERA.- Todos los fondistas hacen lo mismo. ¿Que son uno o dos cuartos de carnero en toda una cuaresma?

PRÍNCIPE ENRIQUE.- Vos, gentil dama...

DOROTEA.- ¿Qué dice Vuestra Gracia?

FALSTAFF.- Su Gracia dice algo contra lo que su carne se rebela.

POSADERA.- ¿Quién golpea tan fuerte la puerta? Ve a ver, Paco.

(Entra Peto)

PRÍNCIPE ENRIQUE.- ¡Peto! ¿Qué hay? ¿Qué noticias?

PETO.- El rey vuestro padre está en Westminster y hay allí veinte mensajeros llegados del Norte casi exhaustos; al venir aquí, he encontrado y dejado atrás, una docena de capitanes, sin sombrero, sudorosos, que golpeaban a las puertas de las tabernas, preguntando a todo el mundo por Sir John Falstaff.

PRÍNCIPE ENRIQUE.- Por el cielo, Poins, que me encuentro culpable en profanar tan locamente el tiempo precioso, cuando la tormenta del desorden, como el viento del Sud que negros vapores arrastra, empieza a caer sobre nuestras cabezas desnudas y desarmadas. Dame mi espada y mi capa. Buenas noches, Falstaff.

(Salen el Príncipe Enrique, Poins, Peto y Bardolfo)

FALSTAFF.- Y ahora que llegaba el trozo más apetecible de la noche, ¡tener que partir sin comerlo!

(Llaman a la puerta)

¿Otra vez golpean?

(Vuelve Bardolfo)

Y bien, ¿qué es lo que hay?

BARDOLFO.- Debéis ir a la corte inmediatamente, señor; una docena de capitanes os esperan ahí abajo.

FALSTAFF.- (Al Paje) Paga a los músicos, pillete. Adiós, posadera. Adiós, Doil. Ya veis, muchachos, como los hombres de mérito son rebuscados; los inservibles pueden dormir, cuando el hombre de acción es solicitado. Adiós, mis buenas criaturas. Si no me expiden de prisa, os volverá a ver aquí antes de partir.

DOROTEA.- ¡No puedo hablar!... ¡Si mi corazón no está por estallar!... Adiós, mi Jack adorado, cuídate mucho.

FALSTAFF.- ¡Adiós, adiós!

(Salen Falstaff y Bardolfo)

POSADERA.- ¡Adiós! Hará, para los guisantes verdes, veinte y nueve años que te conocí. ¡Un hombre más honorable y de corazón más sincero!... Vamos, ¡adiós!

BARDOLFO.- (De dentro) ¡Doña Rompe Sábana!

POSADERA.- ¿Qué hay?

BARDOLFO.- (De dentro) Decid a Doña Rompe-Sábana que venga a donde está mi amo.

POSADERA.- ¡Corre, Doil, corre; corre, buena Doil!

(Salen)

Enrique IV: Segunda parte, Acto III, Escena I

ACTO III

ESCENA I

EN EL PALACIO REAL.

(Entra el Rey Enrique, en traje de interior y un paje)

REY ENRIQUE.- Ve a llamar a los condes de Surrey y de Warwick; pero, antes de venir, diles que lean estas cartas y que presten mucha atención a su contenido. Ve a prisa.

(Sale el paje)

¡Cuantos millares de mis más humildes súbditos duermen a esta hora! Sueño, dulce sueño, suave nodriza de la naturaleza, ¿qué espanto te he causado, que no quieres ya cerrar mis párpados y empapar mis sentidos en el olvido? ¿Porqué, o sueño, prefieres y te complaces en las chozas ahumadas, tendido sobre incómodos jergones, adormecido por el zumbar de los insectos nocturnos, en vez de las perfumadas moradas de los grandes, bajo doseles de lujosa pompa, arrullado por los sonidos de la más dulce melodía? O torpe dios, ¿porqué reposas con el miserable, sobre lechos infectos y abandonas la cama real, como la garita del centinela o la atalaya de la campana de alarma? Vas hasta lo alto de los mástiles vertiginosos a cerrar los ojos del grumete y a mecer su cabeza en la ruda cuna de la mar imperiosa, bajo el empuje de los vientos, que toman las olas brutales por la cima, rizan sus cabezas monstruosas y las suspenden a las nubes fugitivas entre clamores que atruenan, estruendo que despierta: a la muerte misma. ¿Puedes, ¡oh! parcial sueño, dar tu reposo en hora tan ruda al grumete aterido y, en la noche más serena y más tranquila, en medio de las comodidades y regalos del lujo, lo rehúsas a un rey? ¡Reposad en paz, humildes felices! ¡Inquieta vive la cabeza que lleva una corona!

(Entran Warwick y Surrey)

WARWICK.- ¡Mil días felices a Vuestra Majestad!

REY ENRIQUE.- ¿Cómo? ¿Ya el buen día, milord?

WARWICK.- Es más de la una de la mañana.

REY ENRIQUE.- Entonces, felices a vosotros todos, milords. ¿Habéis leído las cartas que os he enviado?

WARWICK.- Sí, mi señor.

REY ENRIQUE.- Veis pues en qué estado deplorable está el cuerpo de nuestro reino y que mal acerbo y peligroso le ataca cerca del corazón.

WARWICK.- No es aun más que un cuerpo perturbado, que puede recuperar su fuerza primitiva con buenas resoluciones y remedios ligeros; milord Northumberland se enfriará pronto.

REY ENRIQUE.- ¡Oh cielos! ¡Si pudiera leerse el libro del destino y ver las revoluciones de los tiempos allanar las montañas y el continente, cansado de su sólida firmeza, fundirse en el mar! ¡O, en otras épocas, la húmeda cintura del Océano ensancharse hasta aislar el cuerpo de Neptuno! ¡No poder ver todas las ironías de la suerte y de cuantos licores variados la fortuna llena la copa del azar! Si todo esto pudiera verse, el joven más feliz, viendo el camino a recorrer, los peligros pasados, las angustias venideras, querría cerrar el libro, tenderse y morir. No han transcurrido diez años que Ricardo y Northumberland, grandes amigos, se regalaban juntos; dos años después, estaban en guerra. Solo hace ocho años, ese Percy era el hombre más cerca de mi alma; como un hermano me ayudaba en mis trabajos, ponía a mis pies su amor y su vida y hasta iba, por mi causa, ante los ojos mismos de Ricardo, a arrojarle un cartel. ¿Pero cuál de vosotros estaba allí?

(A Warwick)

Vos, primo Nevil, lo recuerdo; cuando Ricardo, con los ojos llenos de lágrimas, vilipendiado o injuriado por Northumberland, dijo éstas palabras, que el tiempo ha hecho proféticas: *Northumberland, tú la escala por la que mi primo Bolingbroke sube a mi trono* (el cielo sabe que no tenía entonces tal intención; pero la necesidad inclinó tanto el Estado, que la grandeza y yo nos vimos compelidos a besarnos); *el tiempo vendrá* continuó, *¡el tiempo vendrá en que este crimen odioso, formando absceso, reventará en corrupción!* Y siguió hablando, profetizando los sucesos de esta época, y la ruptura de nuestra amistad.

WARWICK.- Se encuentra siempre en la vida de los hombres algún acontecimiento que representa el estado de los tiempos extinguidos; observándolo, un hombre puede predecir, casi sin errar, los principales azares de las cosas, que aun no han venido a la vida y que, en su germen y débil comienzo, yacen atesorados. Esas cosas son el huevo y la progenie del porvenir. Así por la formación necesaria de éstas, el rey Ricardo ha podido crear un perfecto vaticinio de que el gran Northumberland, falso entonces para con él, llegaría, por esa semilla, a una traición mayor, que no encontraría terreno para arraigarse sino en vuestro daño.

REY ENRIQUE.- ¿Esas cosas, entonces, son necesidades? ¡Vengan, pues, como tales! Y es la misma palabra que nos apura en este momento: se dice que el Obispo y Northumberland disponen de cincuenta mil hombres.

WARWICK.- No puede ser, milord. El rumor, semejante a la voz y al eco, dobla el número de los que se temen. Quiera Vuestra Gracia acostarse. Por mi vida, milord, las fuerzas que ya habéis enviado, conseguirán esa victoria bien fácilmente. Para tranquilizaros más aún, he recibido un informe fidedigno de que Glendower ha muerto. Vuestra Majestad ha estado indispuesto desde hace dos semanas y esta vigilia inusitada agravará forzosamente vuestro mal.

REY ENRIQUE.- Seguiré vuestro consejo. Cuando no tengamos entre manos estas querellas intestinas, amigos queridos, partiremos a Tierra Santa.

(Salen)

Enrique IV: Segunda parte, Acto III, Escena II

ACTO III

ESCENA II

Un patio delante de la casa del Juez Trivial, en el Glocestershire

(Entran Trivial y Silencio por diferentes lados; luego Mohoso, Sombra, Verruga, Enclenque, Becerro y criados, que se mantienen en el fondo de la escena.)

TRIVIAL.- Adelante, adelante, adelante; dadme la mano; ¡un buen madrugador por la Salita Cruz! ¿Y cómo va mi buen primo Silencio?

SILENCIO.- Buen día, buen primo Trivial.

TRIVIAL.- ¿Y Cómo va mi prima, vuestra compañera de cama? ¿Y vuestra brillante hija y mía, mi ahijada Elena?

SILENCIO.- ¡Ay! un mirlo, primo Trivial.

TRIVIAL.- Por sí o por no, señor, me atrevo a decir que mi primo Guillermo está hecho un buen estudiante. Está siempre en Oxford, ¿no es así?

SILENCIO.- Cierto señor, a mi costa.

TRIVIAL.- Pronto irá pues a la escuela de derecho. Yo estuve en la de San Clement, donde pienso que todavía se ha de hablar de este loco de Trivial.

SILENCIO.- Os llamaban entonices el fornido Trivial, primo.

TRIVIAL.- ¡Por la misa, me daban mil nombres! Porque en efecto, habría hecho cualquier cosa, y sin el menor reparo. Éramos yo, el pequeño Juan Sueldo de Staffordshire, el negro Jorge Raido, Paco Roedor y Will Squele, un muchacho de Costwold; no habríais encontrado en todo el colegio cuatro matasietes como nosotros; y puedo decir que bien sabíamos donde estaban las buenas faldas; teníamos lo mejor de entra ellas a nuestra disposición. Entonces Jack Falstaff, hoy Sir John, era un niño y paje de Tomás Mowbray, duque de Norfolk.

SILENCIO.- Ese Sir John, primo, ¿que va venir en busca de reclutas?

TRIVIAL.- El mismo Sir John, el mismísimo. Le vi rajar la cabeza a Skogan en la puerta del colegio, cuando era un mocoso de este tamaño; y el mismo día me batí con un Sanson Stockfish, un frutero, detrás de la posada de Gray. ¡Oh! ¡los locos días pasados! ¡Y ver cuántas de mis viejas relaciones han muerto!

SILENCIO.- Todos hemos de seguir, primo.

TRIVIAL.- Sin duda, sin duda; seguramente, seguramente. La muerte, como dice el Salmista, es segura para todos. Todos morirán. ¿Cuánto una buena yunta de bueyes en la feria de Stamfort?

SILENCIO.- A la verdad, primo, no he estado allí.

TRIVIAL.- La muerte es segura.. ¿Vive aun el viejo Double de vuestra ciudad?

SILENCIO.- Ha muerto, señor.

TRIVIAL.- ¡Muerto!- ¡Toma! ¡Toma!- ¡Tiraba tan bien el arco! ¡Y muerto! Hacía unos golpes excelentes; Juan de Gante le quería bien y apostaba mucho dinero por él, ¡Muerto! Habría dado en el blanco a doscientos cuarenta pasos; lanzaba una flecha a doscientos ochenta, hasta doscientos noventa mismo, de tal manera que alegraba el corazón verle... ¿Cuánto la veintena de ovejas?

SILENCIO.- Depende de como son; una veintena de buenas ovejas puede valer diez libras.

TRIVIAL.- ¡Y el viejo Double ha muerto!

(Entran Bardolfo y otro con él)

SILENCIO.- Ahí vienen dos de los hombres de Sir John Falstaff, según creo.

BARDOLFO.- Buenos días, honorables caballeros. ¿Cuál de vosotros es, os ruego, el Juez Trivial?

TRIVIAL.- Yo soy Roberto Trivial, señor, un pobre hidalgo de este condado y uno de los jueces de paz del rey. ¿Qué se os ofrece de mí?

BARDOLFO.- Mi capitán, señor, os presenta sus cumplimientos; mi capitán, Sir John Falstaff, ¡un apuesto caballero, por el cielo! y un muy bravo oficial.

TRIVIAL.- Me congratulo en extremo señor; le he conocido como un hombre de armas excelente. ¿Cómo va el buen caballero? ¿Puedo preguntar cómo va milady su esposa?

BARDOLFO.- Perdón, señor; pero un soldado se acomoda mejor sin mujer.

TRIVIAL.- Bien dicho, a fe mía, señor; perfectamente dicho. ¡Se acomoda mejor! ¡Excelente! Es la pura verdad: una buena frase es seguramente y siempre fue muy recomendable. ¡Acomoda! Eso viene de accommodo; muy bien; ¡buena frase!

BARDOLFO.- Perdón, señor; he oído esa palabra. ¿Frase, la llamáis? ¡Pardiez! No conozco la frase; pero mantendrá con mi espada que esa palabra es una palabra militar y digna de todo respeto. ¡Se acomoda! Esto es, cuando un hombre, como se dice.., se acomoda, o cuando se encuentra en un estado en que, puede decirse, que... se acomoda; lo que es una cosa excelente.

(Entra Falstaff)

TRIVIAL.- Justísimo; pero ved, he aquí al buen Sir John. Dadme vuestra buena mano, dadme la buena y excelente mano de vuestra señoría. Por mi alma, tenéis un soberbio aspecto y lleváis los años admirablemente; bien venido, buen Sir John.

FALSTAFF.- Encantado de veros en buena salud, mi querido señor Roberto Trivial... ¿El señor Carta-Segura, creo?

TRIVIAL.- No, Sir John; es mi primo Silencio, mi compañero de comisión.

FALSTAFF.- Querido señor Silencio, os sienta muy bien ese empleo de paz.

SILENCIO.- Bien venida Vuestra Señoría.

FALSTAFF.- ¡Ouf! ¡hace un tiempo muy caluroso! Caballeros, ¿me habéis encontrado aquí una media docena de hombres aptos para el servicio?

TRIVIAL.- Por mi fe que sí, señor. ¿Queréis sentaros?

FALSTAFF.- Os ruego que los hagáis ver.

TRIVIAL.- ¿Dónde está la lista? ¿Dónde está la lista? ¿Dónde está la lista? A ver, a ver; eso es, eso es. Pardiez, aquí está, señor... ¡Rodolfo Mohoso! Que todos se presenten a medida que les llame. Que ninguno falte, que ninguno falte. A ver, ¿dónde está Mohoso?

MOHOSO.- Aquí, con vuestro permiso.

TRIVIAL.- ¿Qué os parece, Sir John? Un mocetón bien plantado, joven, fuerte y de buena familia.

FALSTAFF.- ¿Te llamas Mohoso?

MOHOSO.- Sí, con vuestro permiso.

FALSTAFF.- Entonces hay que hacerte servir pronto.

TRIVIAL.- ¡Ha! ¡ha! ¡ha! Excelente, palabra de honor. ¡Lo que está mohoso hay que emplearlo pronto! ¡Eso es particularmente excelente! Bien dicho, Sir John, por mi fe; muy bien dicho.

FALSTAFF.- (A Trivial) Apuntadlo.

MOHOSO.- Ya me han pinchado bastante, bien podíais dejarme en paz. Mi vieja patrona va a desesperarse, sin tener quien le haga la labranza y las bajas faenas. No necesitabais apuntarme: hay otros hombres más a propósito que yo para marchar.

FALSTAFF.- Vamos, ¡Silencio y Mohoso! Partiréis, Mohoso, ya es tiempo que seáis utilizado.

MOHOSO.- ¡Aniquilado!

TRIVIAL.- Silencio, patán, silencio. Pasad a este lado. ¿Sabéis dónde estáis? A los otros, Sir John. A ver... ¡Simón Sombra!

FALSTAFF.- Pardiez, dadme ese para sentarme debajo. Ese parece ser un soldado fresco.

TRIVIAL.- ¿Dónde está Sombra?

SOMBRA.- Aquí, señor.

FALSTAFF.- Sombra, ¿de quién eres hijo?

SOMBRA.- Hijo de mi madre, señor.

FALSTAFF.- ¡Hijo de tu madre! Es muy probable. Y la sombra de tu padre; así, el hijo de la hembra es la sombra del macho. Es el caso frecuente, en verdad, porque ¡el padre pone tan poco de su parte!

TRIVIAL.- ¿Os conviene, Sir John?

FALSTAFF.- Sombra servirá para el verano, apuntadlo. Tenemos muchas sombras para llenar el libro de revista.

TRIVIAL.- ¡Tomás Verruga!

FALSTAFF.- ¿Dónde está?

VERRUGA.- Aquí, señor.

FALSTAFF.- ¿Te llamas Verruga?

VERRUGA.- Sí, señor.

FALSTAFF.- Eres una verruga bien andrajosa.

TRIVIAL.- ¿Le apunto, Sir John?

FALSTAFF.- Sería superfluo, porque tiene el equipo sobre la espalda y toda la máquina reposa sobre alfileres; no le apuntéis.

TRIVIAL.- ¡Ha! ¡ha! ¡ha! Como gustéis, señor, como gustéis. ¡Os felicito! ¡Francisco Enclenque!

ENCLENQUE.- Aquí estoy, señor.

FALSTAFF.- ¿Qué oficio tienes, Enclenque?

ENCLENQUE.- Sastre para mujeres, señor.

TRIVIAL.- ¿Debo apuntarle, señor?

FALSTAFF.- Podéis hacerlo; pero si hubiera sido sastre para hombres, es él quien os hubiera dado puntadas. ¿Harás tantos agujeros en las filas enemigas como has hecho en las sayas mujeriles?

ENCLENQUE.- Haré lo que pueda, señor; no podéis pedirme más.

FALSTAFF.- ¡Bien dicho, buen sastre femenino! ¡Bien dicho, valiente Enclenque! Serás tan valeroso como el palomo enfurecido o el ratón más magnánimo; apuntad bien al sastre de mujeres, maese Trivial; marcadle bien.

ENCLENQUE.- Habría deseado que Verruga partiera también, señor.

FALSTAFF.- Habría deseado que fueses sastre para hombres; así podrías haberlo corregido y arreglarlo como para partir. No puedo hacer simple soldado un hombre que tiene a la espalda un escuadrón tan numeroso. Eso debe bastarte, pujante Enclenque.

ENCLENQUE.- Bastará, señor.

FALSTAFF.- Muchísimas gracias, reverendo Enclenque. ¿Cuál sigue?

TRIVIAL.- Pedro Becerro, de la pradera.

FALSTAFF.- Pues a ver ese becerro.

BECERRO.- Aquí está, señor.

FALSTAFF.- ¡Vive Dios! He ahí un mocetón bien plantado. Apuntarme ese becerro hasta que muja.

BECERRO.- ¡Ah! ¡milord! Mi buen lord capitán...

FALSTAFF.- Cómo, ¿no te han apuntado todavía y ya estás mugiendo?

BECERRO.- ¡Oh! milord, soy un hombre enfermo, señor.

FALSTAFF.- ¿Qué enfermedad tienes?

BECERRO.- Un j... resfriado, señor; una tos que he pescado a fuerza de repicar por los asuntos del rey, el día de su coronamiento.

FALSTAFF.- Bueno, irás a la guerra de bata colchada; ya te quitaremos tu resfriado y nos arreglaremos de manera a que tus amigos repiquen por ti. ¿Están todos aquí?

TRIVIAL.- Hay dos más que han sido citados con exceso del número que os corresponde; solo debéis tomar cuatro aquí, señor. Y ahora, os ruego que comáis conmigo.

FALSTAFF.- Vamos, quiero beber un trago con vos, pero no puedo quedarme a comer. Encantado de haber tenido el placer de veros, maese Trivial.

TRIVIAL.- ¡Oh, Sir John! ¿Os acordáis cuando pasamos toda la noche en el molino de viento del prado de San Jorge?

FALSTAFF.- No hablemos ya de eso, querido maese Trivial, no hablemos de eso.

TRIVIAL.- ¡Ah! fue una noche alegre. ¿Y Juana Faena-de-Noche vive aún?

FALSTAFF.- Vive, maese Trivial.

TRIVIAL.- No podía separárseme.

FALSTAFF.- ¡Qué había de poder! Siempre decía que no podía pasar a maese Trivial.

TRIVIAL.- Por la misa, ¡como sabía hacerla rabiar! Era entonces una real hembra. ¿Se conserva bien?

FALSTAFF.- Una conserva, maese Trivial.

TRIVIAL.- Sí, tiene que ser vieja; no puede menos que serlo; ciertamente, es vieja; tuvo a Robín Faena-de-noche, del viejo Faena-de-Noche, antes que yo fuera a San Clemente.

SILENCIO.- Hace de eso cincuenta y cinco años.

TRIVIAL.- ¡Ah, primo Silencio! ¡Si hubierais visto lo que este caballero y yo hemos visto! ¿Digo bien, Sir John?

FALSTAFF.- Hemos oído el toque de media-noche, maese Trivial.

TRIVIAL.- Eso sí, eso sí; ¡ah! Sir John, eso sí. Nuestra palabra de orden era: ¡Hem! muchachos. Vamos a comer, vamos a comer. ¡Ah! ¡los días que hemos visto! Vamos, vamos.

(Salen Falstaff, Trivial y Silencio)

BECERRO.- Mi buen señor caporal Bardolfo, sed mi amigo y aquí tenéis para vos cuatro Enriques de diez chelines en escudos de Francia. La pura verdad es que me gustaría tanto ser ahorcado como partir; no es que, por mi parte, se me importe nada; pero me siento sin gana y, por mi parte, preferiría quedarme con mis amigos; sin eso, por mi parte, personalmente, no se me importaría nada.

BARDOLFO.- Vamos, pasad a este lado.

MOHOSO.- Mi buen caporal capitán, por la salud de mi vieja patrona, sed también mi amigo; no tendrá nadie a su lado para ayudarla, cuando yo me vaya; es vieja y no puede hacer nada, tendréis cuarenta chelines, señor.

BARDOLFO.- Vamos, pasad también a este lado.

ENCLENQUE.- Por mi alma que me es indiferente. Un hombre no puede morir más que una vez. Debemos a Dios una muerte; nunca tendré el alma ruin; si ese es mi destino, sea; si no lo es, sea. Nadie es demasiado bueno para servir a su príncipe; suceda lo que suceda, el que muere este año, queda libre para el año próximo.

BARDOLFO.- Bien dicho; eres hombre de corazón.

ENCLENQUE.- Por mi fe, no tendré el alma ruin.

(Vuelven Falstaff, Trivial y Silencio)

FALSTAFF.- Veamos, señor. ¿Cuáles son los hombres que debo llevar?

TRIVIAL.- Los cuatro que elijáis.

BARDOLFO.- (Bajo, a Falstaff) Señor, una palabra... Tengo tres libras por dejar libres a Mohoso y Becerro.

FALSTAFF.- Comprendido; está bien.

TRIVIAL.- Vamos, Sir John, ¿cuáles cuatro elegís?

FALSTAFF.- Elegid por mí.

TRIVIAL.- ¡Pardiez! Mohoso, Becerro, Enclenque y Sombra.

FALSTAFF.- Mohoso y Becerro... Vos, Mohoso, quedaos en vuestra casa, porque ya no sois apto para el servicio. En cuanto a vos, Becerro, quedaos hasta que os hagáis apto para el mismo. No quiero ninguno de los dos.

TRIVIAL.- Sir John, Sir John, no os perjudiquéis vos mismo; son esos los hombres más sólidos y desearía serviros con lo mejor.

FALSTAFF.- ¿Queréis enseñarme, maese Trivial, a elegir un hombre? ¿Acaso me preocupo de los miembros, del vigor, de la estatura, del tamaño y de la corpulencia exterior de un hombre? Dadme el espíritu, maese Trivial. Aquí tenéis a Verruga: veis que mezquina apariencia tiene; pues os cargará y descargará su arma tan pronto como el martillo de un estañador; le veréis ir y venir con la misma rapidez que el mozo que llena los jarros de cerveza. Y ese mismo tipo de media cara, Sombra, ese es un hombre; no presenta blanco al enemigo. Lo mismo valdría que apuntara al filo de un cortaplumas. Y para una retirada, con que ligereza este Enclenque, sastre de mujeres, sabrá correr ¡Oh! dadme esos hombres de deshecho y descartadme los elegidos. Pon un arcabuz en manos de Verruga, Bardolfo.

BARDOLFO.- Toma, Verruga. ¡Apunten! Así, así.

FALSTAFF.- Vamos, manéjame ese arcabuz. Así; muy bien; vamos; bueno, bueno; excelente. Oh, dadme siempre un tirador pequeño, descarnado, viejo, huesoso, pelado. Perfectamente, Verruga; eres un buen chico; toma, aquí tienes seis peniques, para ti.

TRIVIAL.- No domina bien ese arte, no lo hace como es debido. Me acuerdo que en el prado de Mile-End (cuando estaba en el colegio de San Clemente) yo hacía entonces el papel de Sir Dagonet en la pantomima de Arturo, había un diablillo de muchacho que os manejaba el arma así, moviéndose para acá, para allá, para adelante, para atrás. ¡Ra! ¡ta! ¡ta! chillaba y luego ¡Bounce! y partía de nuevo y volvía. Nunca veré un demonio semejante.

FALSTAFF.- Estos muchachos servirán, maese Trivial. Dios os guarde, maese Silencio. No usaré muchas palabras con vosotros. Quedad con Dios ambos, señores. Tengo que hacer una docena de millas esta noche. Bardolfo, dad el uniforme a estos soldados.

TRIVIAL.- Sir John, ¡el cielo os bendiga, haga prósperos vuestros negocios y nos envíe la paz! A vuestro regreso, visitad mi casa; renovaremos nuestra vieja relación. Quizá vaya con vos a la Corte.

FALSTAFF.- Mucho me alegraría, maese Trivial.

TRIVIAL.- Vamos, he dicho. Adiós.

(Salen Trivial y Silencio)

FALSTAFF.- Adiós, gentiles caballeros. Adelante, Bardolfo; llévate esos hombres.

(Salen Bardolfo, reclutas, etc.)

A mi vuelta, sondearé estos jueces de paz; veo ya el fondo del juez Trivial. ¡Señor, señor, cuan sujetos estamos nosotros los viejos a ese vicio de la mentira! Este hambriento juez de paz no ha hecho más que charlar sobre las extravagancias de su juventud y las hazañas que llevó a cabo en Turnbull-Street; cada tres palabras, una mentira, tributo al auditor, pagado con más exactitud que el del Gran Turco. Le recuerdo en San Clemente, como una de esas figuras hechas después de comer con las cortezas del queso. Cuando estaba desnudo era, para todo el mundo, como un rábano torcido, terminado por una cabeza fantásticamente tallada con el cuchillo; era tan enjuto, que sus dimensiones habrían sido invisibles para una vista medio confusa; era el verdadero Genio del hambre y sin embargo, lujurioso como un mono; las p... le llamaban Mandrágora: iba siempre a retaguardia de la moda; cantaba a sus sucias hembras las tonadillas que oía silbar a los carreteros, jurando que eran fantasías o nocturnos de su caletre. Y ahora tenemos a esa espada de palo del vicio convertido en caballero; habla tan familiarmente de Juan de Gante, como si hubiera sido su hermano de armas. Juraría que no le ha visto más que una vez, en el campo del torneo, el mismo día que le rajaron la cabeza por haberse metido en el séquito del mariscal. Yo le vi y dije a Juan de Gante que batía su propio nombre, porque se le podía meter, con toda su vestimenta, en una piel de anguila; el estuche de un oboe habría sido para él un palacio, un patio; ¡y ahora tiene tierras y ganados! Bien está; estrecharemos relaciones, si vuelvo. Muy mala suerte tendrá, si no le convierto en piedra filosofal por partida doble para mi uso propio. Si la pescadilla joven es una buena carnada para el viejo lucio, no veo razón porque yo, siguiendo la ley de la naturaleza, no me le he de tragar. Que la ocasión ayude y hecho está.

(Sale)

Enrique IV: Segunda parte, Acto IV, Escena I

ACTO IV

ESCENA I

Una selva en el Yorkshire.

(Entran el Arzobispo de York, Mowbray, Hastings y otros.)

ARZOBISPO.- ¿Cómo se llama esta selva?

HASTINGS.- Es la selva de Gaultree, con permiso de Vuestra Gracia.

ARZOBISPO. - Detengámonos aquí, señores y enviad exploradores hacia adelante, para conocer el número de nuestros enemigos.

HASTINGS.- Ya hemos enviado.

ARZOBISPO.- Bien está. Mis amigos, mis hermanos en esta gran empresa, debo haceros saber que he recibido cartas recientes de Northumberland. Su frío contenido, tenor y sustancia, es éste: habría deseado estar aquí personalmente, acompañado de fuerzas que estuviesen en relación con su rango, fuerzas que no ha podido reunir; en consecuencia, y para dejar madurar su fortuna naciente, se ha retirado a Escocia; concluye con ardientes votos por que vuestros esfuerzos puedan dominar el azar y el temible poder de nuestros adversarios.

MOWBRAY.- ¡Así las esperanzas que fundábamos en él caen por tierra y se hacen pedazos!

(Entra un mensajero)

HASTINGS.- Y bien, ¿qué noticias?

MENSAJERO.- Al oeste de esta selva y a una muja escasa, los enemigos avanzan en perfecto orden; por el terreno que ocupan, calculo que su número llega a cerca de treinta mil hombres.

MOWBRAY.- Precisamente la cifra que le suponíamos. Salgamos a su encuentro y afrontémosle en el llano.

(Entra Westmoreland)

ARZOBISPO.- ¿Quién es ese jefe armado de pies a cabeza que se avanza hacia nosotros?

MOWBRAY.- Paréceme que es milord de Westmoreland.

WESTMORELAND.- Os saludo y os trasmito el cordial cumplimiento de nuestro general, lord Juan, duque de Lancaster.

ARZOBISPO.- Hablad sin temor alguno, milord de Westmoreland. ¿Qué motivo os trae?

WESTMORELAND.- Y bien, milord, es a vos que principalmente deben dirigirse mis palabras. Si esta rebelión se avanzara, lógica consigo misma, en multitudes bajas y abyectas, guiada por una juventud sanguinaria, escoltada por el furor y seguida por muchachos y pillos; sí, repito, esta maldita conmoción apareciera así en su verdadera, nativa y más propia forma, vos, reverendo padre y estos nobles señores, no estaríais aquí para vestir las feas formas de la innoble y sangrienta insurrección, con vuestros brillantes honores, Vos, lord Arzobispo, cuya sede se mantiene sobre la paz civil; cuya barba tocó la argentina mano de la paz, cuya ciencia y bellas letras tuvieron la paz por tutor, cuyas blancas vestiduras simbolizan la inocencia, la paloma y el santo espíritu de paz, ¿porqué con tal extravío traducís la palabra de paz, que envuelve tanta gracia, en el áspera y violenta lengua de la guerra, convirtiendo vuestros libros en tumbas, vuestra tinta en sangre, vuestras plumas en lanzas y vuestro lenguaje divino en la trompeta estrepitosa y el clamor de la guerra?

ARZOBISPO.- ¿Porqué razones obro así? Tal es la cuestión y en breves términos os diré mi objeto. Estamos todos enfermos; los excesos de intemperancia y de lascivia nos han comunicado una fiebre ardiente, que nos reclama sangrarnos. De esa enfermedad fue atacado nuestro último rey, Ricardo, y murió. Pero, mi muy noble lord de Westmoreland, no me considero aquí como médico y no es como enemigo de la paz que milito en las filas de los hombres armados; antes bien, si me muestro bajo el aspecto temible de la guerra por un momento, es para cuidar los espíritus que sufren, anhelantes de felicidad y purgar las obstrucciones que comienzan a detener en nuestras venas el curso de la vida. Hablaré más claramente; he pesado imparcialmente y en una justa balanza los males que nuestras armas pueden causar y los males que sufrimos y he encontrado nuestros sufrimientos más graves que nuestras ofensas. Vemos porqué camino corre la corriente del tiempo y el rudo torrente de las circunstancias nos arranca de nuestra tranquila esfera. Tenemos el resumen de todas nuestras quejas, que mostraremos en detalle en el momento propicio; le habríamos ya, largo tiempo hace, presentado al rey, sí, con todos nuestros esfuerzos, hubiéramos podido obtener una audiencia. Cuando somos perjudicados y queremos manifestar nuestras quejas, se nos niega el acceso a su persona, por los mismos hombres que nos causaron el mayor perjuicio. Los peligros de los tiempos ha poco trascurridos (cuyo recuerdo está escrito sobre la tierra con sangre aun visible) los ejemplos que cada minuto proporciona (presentes ahora), nos han obligado a cubrirnos de estas armas que tan mal nos van; no para romper la paz ni ninguna de sus ramas, sino para establecer aquí una paz positiva, en la que concurra a la vez el nombre y la realidad.

WESTMORELAND.- ¿Cuándo fueron rechazadas vuestras reclamaciones? ¿En qué habéis sido ofendidos por el rey? ¿Qué par fue sobornado en vuestro perjuicio? ¿Porqué selláis el libro sangriento o ilícito de la fraguada rebelión con un sello divino y consagráis la espada amarga del motín?

ARZOBISPO.- Hago mi querella personal de los males del Estado, nuestro hermano común, así como de las crueldades, ejercidas con mi hermano por la sangre.

WESTMORELAND.- No hay ninguna satisfacción que dar; y si la hay, no os corresponde a vos exigirla.

MOWBRAY.- ¿Y porqué no a él, en parte, así como a todos nosotros, que, sufriendo aun de un reciente pasado, vemos el tiempo presente hacer sentir sobre nuestros honores una mano injusta, y opresiva?

WESTMORELAND.- ¡Oh! mi buen lord Mowbray, apreciad los tiempos según sus necesidades y entonces diréis en verdad que es el tiempo y no el rey, que causa vuestro daño. En cuanto a vos, sin embargo, paréceme que ni el rey ni el tiempo presente, no os han dado una pulgada de terreno legítimo para fundar vuestras quejas. ¿No habéis sido reintegrado en todos los feudos del duque de Norfolk, vuestro noble padre de respetada memoria?

MOWBRAY.- ¿Qué había perdido en su honor mi padre, que fuera necesario hacer revivir y reanimar en mí? El rey, que le amaba, se vio obligado, compelido por la razón de Estado, a desterrarle. Luego, cuando Enrique Bolingbroke y él, ambos montados y rígidos sobre la silla, relinchando los caballos y provocando la espuela, las lanzas en ristre y la visera calada, los ojos arrojando llamas por entre los intersticios del acero y la sonora trompeta impeliéndolos el uno contra el otro, en el momento, en el momento mismo en que nada podía proteger el pecho de Bolingbroke contra la lanza de mi padre, el rey arrojó su bastón a tierra. Al mismo tiempo arrojó con él su vida, así como la de todos aquellos que, por sentencias o bajo el golpe de la espada, han sucumbido más tarde bajo Bolingbroke.

WESTMORELAND.- Habláis, lord Mowbray, de lo que ignoráis; era entonces el conde de Hereford reputado en Inglaterra como el caballero más valiente. ¿Quién puede decir a cuál de entre ellos habría sonreído la fortuna? Pero, si aun vuestro padre hubiera sido victorioso allí, no habría salido vivo de Coventry, porque todo el país unánimemente le odiaba y todas sus oraciones y todo su amor, iban a Hereford, a quien mimaban y bendecían más que al rey, adornándole de todas las gracias... Pero es ésta una mera digresión que me aparta de mi propósito. Vengo aquí en nombre del príncipe, nuestro general, a conocer vuestras quejas, a deciros de parte de Su Gracia, que consiente en daros audiencia; allí, todas vuestras reclamaciones que parezcan justas, serán atendidas; todo se desvanecerá de lo que pueda haceros aparecer como enemigos.

MOWBRAY.- Pero nos ha obligado a imponerle esa oferta, que la política sugiere, no el amor.

WESTMORELAND.- Mowbray, la miráis muy presuntuosamente. Esta oferta nace de la clemencia, no del temor. Porque, ¡mirad! ahí tenéis nuestro ejército a la vista. Os afirmo bajo mi honor que todos tienen demasiada confianza para dar cabida a un pensamiento de temor. Nuestras filas cuentan con mayor número de nombres ilustres que las vuestras, nuestros soldados son más hábiles en el manejo de las armas, nuestras armaduras son tan fuertes y nuestra causa la mejor; así, la razón impone que nuestros corazones sean tan valientes, no digáis pues que nuestra oferta es una imposición.

MOWBRAY.- Bien; en mi opinión, no debemos admitir conferencias.

WESTMORELAND.- Eso solo prueba la confusión que os causa vuestra ofensa; una conciencia intranquila no admite examen.

HASTINGS.- ¿Tiene el príncipe Juan plenos poderes, tan amplios como la autoridad misma de su padre, para oírnos y determinar en absoluto las condiciones del arreglo?

WESTMORELAND.- Eso está comprendido en su título de general; me sorprende que hagáis tan frívola pregunta.

ARZOBISPO.- Tomad, pues, esta cédula, milord de Westmoreland; ella contiene nuestras quejas generales. Que cada uno de sus artículos reciba reparación; que todos los miembros de nuestra causa, aquí y fuera de aquí, comprometidos en este asunto, sean amnistiados en positiva y debida forma; que la ejecución inmediata de nuestras voluntades, en lo que a nuestros propósitos se refiere, sea consignada. Entonces volveremos a los límites de la obediencia y enlazaremos nuestras fuerzas al brazo de la paz.

WESTMORELAND.- Mostraré esto al general. Si queréis, milords, nos reuniremos a la vista de nuestros ejércitos y allí, si Dios quiere, concluiremos en paz o, sobre el terreno mismo de nuestra discordia, apelaremos a las armas que deben decidirla.

ARZOBISPO.- Así lo haremos, milord.

(Sale Westmoreland)

MOWBRAY.- Una voz íntima me dice que las condiciones de nuestra paz no pueden ser duraderas.

HASTINGS.- No lo temáis; si podemos hacer la paz en los términos tan amplios y tan absolutos que sirven de base a nuestras condiciones, nuestra paz será tan estable como la roca de la montaña.

MOWBRAY.- Sí, pero la opinión que de nosotros se tendrá será tal que la causa más ligera y el pretexto más infundado, el motivo más trivial, más vano y fútil, recordará al rey nuestra insurrección. Y aun cuando con la fe más leal fuéramos los mártires de nuestro amor por él, seríamos aventados por tan rudo viento, que nuestro grano parecería tan ligero como la paja y que el buen grano no se separaría del malo.

ARZOBISPO.- No, no, milord; observad esto: el rey está cansado de tantas quejas melindrosas o insignificantes, porque ha reconocido que apagar una sospecha con la muerte es hacer revivir dos más graves en los herederos vivientes. Y por tanto quiere limpiar suavemente sus listas y no conservar en su memoria ninguno que pueda recordarle de nuevo sus pérdidas. Porque sabe perfectamente que no puede extirpar por completo de esta tierra todo lo que le inquieta. Sus adversarios están tan vinculados con sus amigos, que cuando se esfuerza por derribar un enemigo, conmueve y sacude un amigo. Esta tierra es como una mujer insolente que le ha encolerizado hasta amenazarla con pegarla y que, en el momento de hacerlo, le presenta a su hijo y el castigo más resuelto queda suspendido en el brazo levantado para ejecutarlo.

HASTINGS.- Por lo demás el rey ha usado todos sus azotes sobre los últimos que le han ofendido y ahora carece de los instrumentos mismos del castigo. Tanto que su poder, cómo un león sin garras, puede amenazar, pero no herir.

ARZOBISPO.- Es muy cierto; por tanto tened por seguro, mi buen lord Mariscal, que si hoy hacemos bien nuestra reconciliación, nuestra paz, semejante a un miembro roto y unido, será más firme que antes de la ruptura.

MOWBRAY.- Que así sea; he aquí milord de Westmoreland que vuelve.

(Entra Westmoreland)

WESTMORELAND.- El príncipe está cerca de aquí. ¿Vuestra Señoría querría encontrarse con Su Gracia a una distancia igual entre ambos ejércitos?

MOWBRAY.- Que Vuestra Gracia de York marche adelante, en nombre del cielo.

ARZOBISPO.- Id vosotros adelante y saludad a Su Gracia; milord, os seguimos.

(Salen)

Enrique IV: Segunda parte, Acto IV, Escena II

ACTO IV
ESCENA II

Otra parte de la selva.

(Entran, de un lado, Mowbray, el Arzobispo, Hastings y otros; del otro, el Príncipe Juan de Lancaster, Westmoreland y oficiales de su séquito.)

PRÍNCIPE JUAN.- Bien venido, primo Mowbray. Buen día, gentil lord Arzobispo y también a vos, lord Hastings y a todos vosotros. Milord de York, erais más grato a la vista cuando vuestro rebaño, reunido por la campana, hacía círculo a vuestro alrededor para oír con reverencia vuestra exposición sobre el sagrado texto, que ahora que os vemos aquí como un hombre de hierro, animando multitud de rebeldes con el ruido del tambor, cambiando la palabra por la espada y la vida por la muerte. El hombre que ocupa el corazón de un monarca y que madura bajo el sol de sus favores, por ligeramente que abuse de la confianza real, cuántas desventuras, ¡ay! puede causar a la sombra de tal grandeza. Así ha sido con vos, lord obispo. ¿Quién no oyó hablar del alto puesto que teníais en los libros de Dios? Erais, para nosotros, el que presidía su parlamento, la imaginada voz de Dios mismo, el verdadero abridor, el intermediario entre la gracia, las santidades del cielo y nuestros rudos trabajos. ¡Oh! ¿Quién no pensará que abusáis de la reverencia de vuestras funciones, empleando la confianza y la gracia del cielo, como un falso favorito hace con el nombre de su príncipe, en actos deshonrosos? Habéis sublevado, con la mentida consagración de Dios, los súbditos de su representante, mi padre; y es a la vez, contra la paz del cielo y contra él, que los habéis amotinado.

ARZOBISPO.- Mi buen lord de Lancaster, no me encuentro aquí contra la paz de vuestro padre; pero, como lo he dicho a milord de Westmoreland, es el desorden de los tiempos y el sentimiento general de un peligro común que nos reúne y nos agrupa en esta forma monstruosa para garantizar nuestra seguridad. He enviado a Vuestra Gracia la enumeración y el detalle de nuestras quejas, los que fueron rechazados con desdén por la Corte, lo que dio origen a esta Hydra, hija de la guerra. Pero sus ojos terribles pueden ser adormecidos por el encanto, concediéndonos nuestros justos y legítimos reclamos y la verdadera obediencia, curada de esta locura, caerá humildemente a los pies de la majestad.

MOWBRAY.- Si no, prontos estamos a tentar la fortuna hasta el último hombre.

HASTINGS.- Y aunque sucumbiéramos aquí, tendremos reemplazantes para renovar la empresa; si fracasan, otros les sucederán y así tomará vida querella se trasmitirá de heredero en heredero, en tanto que en Inglaterra haya generaciones.

PRÍNCIPE JUAN.- Sois muy ligero, Hastings, demasiado ligero, para sondear así la profundidad de los tiempos venideros.

WESTMORELAND.- Quiera Vuestra Gracia contestarles directamente en qué términos acepta sus proposiciones.

PRÍNCIPE JUAN.- Las acepto todas y las apruebo. Juro aquí, por el honor de mi sangre, que los propósitos de mi padre fueron mal entendidos y que algunos de los que están cerca de él, falsearon frecuentemente su voluntad y su autoridad. Milord estos agravios serán prontamente reparados; por mi alma, lo serán. Si os place, devolved vuestras fuerzas a sus condados respectivos, como haremos con las nuestras; y aquí, entre los ejércitos, bebamos juntos amistosamente y abracémonos, para que todos los ojos puedan llevar a sus hogares, el testimonio de nuestro restaurado amor y renovada amistad.

ARZOBISPO.- Tomo vuestra palabra de príncipe por esas satisfacciones.

PRÍNCIPE JUAN.- Os lo doy y mantendré mi palabra; en consecuencia, bebo a la salud de Vuestra Gracia.

HASTINGS.- Id, capitán (a un oficial) y llevad al ejército estas noticias de paz; que las tropas sean pagadas y partan; sé que eso les agradará. Apresúrate, capitán.

(Sale el oficial)

ARZOBISPO.- ¡A vos mi noble lord de Westmoreland!

WESTMORELAND.- Correspondo a Vuestra Gracia. Y, si supierais qué de trabajo me he dado para conseguir esta paz, beberíais de todo corazón; pero mi amor por vos se hará ver en breve más abiertamente.

ARZOBISPO.- No dudo de vos.

WESTMORELAND.- Eso me contenta; ¡salud a milord, mi gentil primo, Mowbray!

MOWBRAY.- Me deseáis salud en el momento oportuno, porque acabo de sentir súbitamente una indisposición.

ARZOBISPO.- Antes de la desgracia, siempre los hombres están alegres, pero la tristeza presagia la felicidad.

WESTMORELAND.- Regocijaos, pues, primo, porque esa súbita tristeza, os permite decir que algo feliz os sucederá mañana.

ARZOBISPO.- Creedme, tengo el humor más que alegre.

MOWBRAY.- Tanto peor, si vuestra máxima es exacta.

(Aclamaciones a lo lejos)

PRÍNCIPE JUAN.- La palabra de paz se ha hecho pública. ¡Oíd como la aclaman!

MOWBRAY.- Esos vítores habrían sido más gozosos después de una victoria.

ARZOBISPO.- La paz es en sí misma una conquista; porque entonces ambos partidos se someten y ninguno de ellos se pierde.

PRÍNCIPE JUAN.- Id, milord y licenciad también nuestro Ejército.

(Sale Westmoreland)

Y si lo permitís, mi buen lord, nuestras tropas desfilarán ante nosotros, a fin de que veamos con qué clase de hombres habríamos tenido que medirnos.

ARZOBISPO.- Id, buen lord Hastings, que antes de desbandarse, desfilen delante de nosotros.

(Sale Hastings)

PRÍNCIPE JUAN.- Espero, milords, que reposaremos juntos esta noche.

(Vuelve Westmoreland)

¿Y bien, primo, porqué permanece inmóvil nuestro ejército?

WESTMORELAND.- Los jefes, habiendo recibido de vos la orden de permanecer, no quieren irse antes que les hayáis hablado.

PRÍNCIPE JUAN.- Conocen sus deberes.

(Vuelve Hastings)

HASTINGS.- Milord, nuestro ejército está ya disperso. Como torillos libres del yugo, se han desbandado al este, oeste, norte y sud; o, como una escuela en licencia, cada uno se precipita a su casa o al sitio de juegos.

WESTMORELAND.- Buena noticia, milord Hastings, por la cual te arresto, traidor, por alta traición. Y vos, lord Arzobispo, y vos, lord Mowbray, os prendo también por traición capital.

MOWBRAY.- ¿Es ése un proceder justo y honorable?

WESTMORELAND.- ¿Vuestro levantamiento lo es?

ARZOBISPO.- ¿Así rompéis la fe jurada?

PRÍNCIPE JUAN.- No te empeñó ninguna; os he prometido corregir los abusos de que os habéis quejado; los que, por mi honor, reformaré con cristiana solicitud. Pero en cuanto a vosotros, rebeldes, gustaréis la recompensa que se debe a la rebelión y a actos como los vuestros. Habéis levantado esas tropas imprudentemente, aturdidamente reunido aquí y dispersado locamente. Que batan nuestros tambores y se persigan las tropas desbandadas. El cielo, no nosotros, ha triunfado sin sangre en este día. Una guardia lleve estos traidores a la muerte, el verdadero lecho donde la traición rinde su último aliento.

(Salen)

Enrique IV: Segunda parte, Acto IV, Escena III

ACTO IV
ESCENA III

Otra parte de la selva.

(Clarines. Movimiento de tropas. Entran Falstaff y Coleville y se encuentran)

FALSTAFF.- ¿Cuál es vuestro nombre, señor? ¿Cuál vuestra condición? ¿De qué punto sois, os ruego?

COLEVILLE.- Soy caballero, señor y mi nombre es Coleville del Valle.

FALSTAFF.- Bien, pues; ¡Coleville es vuestro nombre! caballero vuestro rango y vuestro punto el Valle. Coleville será siempre vuestro nombre, traidor, vuestro rango, el calabozo vuestro sitio, un sitio bastante profundo, de manera que siempre seréis Coleville del Valle.

COLEVILLE.- ¿No sois Sir John Falstaff?

FALSTAFF.- Un hombre que le vale, señor, sea yo quien sea. ¿Os rendís, señor? ¿O debo sudar por vuestra causa? Si llego a sudar, cada gota será una lágrima para tus amigos, que llorarán tu muerte. Por tanto, despierta tu miedo y tiembla o inclínate ante mi clemencia.

COLEVILLE.- Pienso que sois Sir John Falstaff y, en ese concepto, me rindo.

FALSTAFF.- Tengo en este vientre mío una escuela entera de lenguas y ninguna de ellas dice otra palabra más que mi nombre. Si no tuviera más que un vientre común, sería simplemente el muchacho más activo de Europa. ¡Mi panza, mi panza, mi panza me perjudica! Aquí viene nuestro general.

(Entra el Príncipe Juan de Lancaster, Westmoreland y otros)

PRÍNCIPE JUAN.- La fina ha pasado; no vamos más lejos ahora. Tocad llamada, primo Westmoreland.

(Sale Westmoreland)

Y bien, Falstaff, ¿dónde habéis estado todo este tiempo? Siempre llegáis cuando todo ha concluido. Por vida mía que todas esas tretas el día menos pensado van a hacer deslizar una plancha de horca bajo vuestros pies.

FALSTAFF.- Sería una lástima, milord, que así no sucediera. Nunca he conocido otra cosa sino censuras y represiones como recompensa del valor. ¿Pensáis que soy una golondrina, una flecha o una bala? ¿Tengo acaso, en mi pobre y vieja movilidad, la rapidez del pensamiento? He corrido hasta aquí con la más extremada prontitud posible; he reventado más de ciento ochenta caballos de posta y aquí mismo, embarrado como estoy, he, en mi puro e inmaculado valor, hecho prisionero a Sir John Coleville del Valle, un fliriosísimo caballero y valeroso enemigo. Pero ¿qué vale eso? Me vio y se rindió; tanto es que puedo justamente decir como el gran narigón de Roma: *vine, vi, vencí.*

PRÍNCIPE JUAN.- Debido más a su cortesía que a vuestro valor.

FALSTAFF.- No lo sé; el hecho es que aquí está y aquí os lo entrego. Ruego a Vuestra Gracia se sirva hacer anotar este acto con el resto de los sucesos del día. Si no, por el cielo, lo haré cantar en una balada especial, con mi propio retrato al frente y Coleville besándome los pies. Si me veo forzado a tomar ese partido, sino aparecéis todos vosotros a mi lado como monedillas doradas de a dos peniques y yo, en el brillante cielo de la fama, eclipsándoos como la luna llena apaga las chispas del firmamento, que parecen cabezas de alfiler a su lado, no creáis en la palabra del noble. En consecuencia dejadme gozar de mis derechos y permitid que el mérito ascienda.

PRÍNCIPE JUAN.- Eres muy pesado para ascender.

FALSTAFF.- Entonces, hacedlo brillar.

PRÍNCIPE JUAN.- Es demasiado opaco para brillar.

FALSTAFF.- Haced cualquier cosa, mi buen lord, que me sea favorable, y llamadla como queráis.

PRÍNCIPE JUAN.- ¿Tu nombre es Coleville?

COLEVILLE.- Sí, milord.

PRÍNCIPE JUAN.- Eres un famoso rebelde, Coleville.

FALSTAFF.- Y un famoso súbdito leal le tomó.

COLEVILLE.- No soy, milord, sino lo que son mis superiores, que me condujeron aquí. Si se hubieran dejado guiar por mí, os habría costado más caro vencerlos.

FALSTAFF.- No sé cuanto habría costado; pero tú, como un buen muchacho, te entregaste gratis y te lo agradezco.

(Vuelve Westmoreland)

PRÍNCIPE JUAN.- Y bienl, ¿habéis suspendido la persecución?

WESTMORELAND.- Las tropas se retiran y la matanza ha cesado.

PRÍNCIPE ENRIQUE.- Enviad a Coleville, con sus confederados, a York, para ser ejecutado en el acto; Blunt, conducidlos allí y custodiadlos seguramente.

(Salen algunos con Coleville)

Y ahora, señores, apresurémonos a partir para la Corte. Me anuncian que mi padre está gravemente enfermo. Nuestras noticias llegarán antes que nosotros a Su Majestad y vos las llevaréis, primo, para reconfortarlo y nosotros os seguiremos con sobria rapidez.

FALSTAFF.- Os ruego, milord, que me permitáis pasar por el Glocestershire; cuando lleguéis a la Corte, os suplico, deis buellos informes de mí.

PRÍNCIPE JUAN.- Adiós, Falstaff en mi calidad, hablará de vos mejor que lo que merecéis.

(Sale)

FALSTAFF.- Desearía tan solo que tuvieras un poco de espíritu; eso te valdría más que tu ducado. A fe mía que este muchacho de sangre helada no me quiere; ningún hombre puede hacerle reír, pero eso no es raro, porque no bebe vino. Nunca estos jóvenes reservados llegan a ser algo de provecho porque la exigua bebida y las numerosas comidas de pescado, les enfría tanto la sangre, que caen en una especie de anemia masculina, luego cuando se casan, engendran rameras; por lo general son estúpidos y cobardes, como lo seríamos muchos de nosotros sin ese estimulante. Un buen jarro de Jerez hace un doble efecto. Me asciende al cerebro, diseca allí todos los tontos, obtusos y agrios vapores que lo rodean, lo hace sagaz, vivo, inventivo, lleno de ligeras, ardientes y deliciosas formas, que, entregadas a la voz (la lengua) que les da vida, se convierten en excelente espíritu. La segunda propiedad de vuestro excelente Jerez, es calentar la sangre, la que antes fría y pesada, deja al hígado blanco y pálido, que es el distintivo de la pusilanimidad y cobardía, pero el Jerez la calienta y la hace correr del interior a todos los extremos. Ilumina la cara, que, como un faro, da la señal a todo el resto de este pequeño reino, el hombre, de armarse; entonces toda la milicia vital y los pequeños espíritus internos se forman detrás de su capitán, el corazón, que, grande y soberbio de ese cortejo, se atreve a cualquier empresa valerosa. ¡Y todo ese valor viene del Jerez!. Así la ciencia de las armas no es nada sin el vino; porque él la empuja a la acción; la doctrina es una mera mina de oro, custodiada por un demonio, hasta que el vino no emprende con ella y la pone en obra y valor. De ahí viene que el príncipe Harry sea valiente, porque la sangre fría que naturalmente heredó de su padre, semejante a un terreno mezquino, desnudo y estéril, la ha cultivado, abonado, labrado, por el excelente hábito de beber en grande, por frecuentes libaciones de fértil Jerez; así es que se ha vuelto muy ardiente y bravo. Si tuviera mil hijos, el primer principio humano que les enseñaría sería de proscribir toda bebida ligera y dedicarse al buen vino.

(Entra Bardolfo)

¿Qué hay, Bardolfo?

BARDOLFO.- El ejército ha sido licenciado y ha partido.

FALSTAFF.- Déjalo partir. Yo me iré por el Glocestershire y visitaré allí a maese Roberto Trivial, hidalgo. Ya le he amoldado entre mi índice y pulgar y en breve le pondré mi sello. Vamos.

(Salen)

Enrique IV: Segunda parte, Acto IV, Escena IV

ACTO IV
ESCENA IV

WESTMINSTER- Una sala en el Palacio.

(Entran el rey Enrique, Clarence, el príncipe Humphrey, Warwick y otros)

REY ENRIQUE.- Ahora, señores, si el cielo da éxito feliz al debate que sangra a nuestras puertas, queremos guiar a nuestra juventud a más altos campos de batalla no blandir espadas que no estén santificadas. Nuestra armada está preparada, nuestras fuerzas reunidas, nuestros sustitutos durarnte nuestra ausencia debidamente investidos, todo está en orden y de acuerdo con lluestros deseos. Sólo nos hace falta un poco de fuerza personal y esperamos que esos rebeldes, aun en pie, hayan caído bajo el yugo de Gobierno.

WARWICK.- No dudamos que en breve tendrá Vuestra Majestad ambas satisfacciones.

REY ENRIQUE.- Hijo Humphrey de Gloster, ¿donde está el príncipe vuestro hermano?

HUMPHREY.- Creo que ha ido a cazar, milord, a Windsor.

REY ENRIQUE.- ¿Quién le acompaña?

HUMPHREY.- No lo sé, milord.

REY ENRIQUE.- ¿No está con él su hermano, Tomás de Clareilce?

HUMPHREY.- No, mi buen lord; está aquí presente.

CLARENCE.- ¿Qué desea mi padre y señor?

REY ENRIQUE.- Solo bien te desea, Tomás de Clarence. ¿Cómo es que no estás con el príncipe tu hermano? El te ama y tú le desatiendes, Tomás. Tienes mejor sitio en su afección que todos sus hermanos; foméntala, hijo mío. Así podrás, después de mi muerte, llenar el noble oficio de mediador entre Su Majestad y sus otros hermanos. Por tanto, no lo evites, no adormezcas su amor, no pierdas las ventajas de su cariño mostrándote frío o indiferente hacia él. Porque es benevolente cuando se le cultiva; tiene siempre una lágrima para la piedad y la mano generosa como la luz del día para la dulce caridad. Sin embargo, cuando se le exaspera, es de piedra, tan sombrío como el invierno, tan brusco como las lluvias heladas que caen al amanecer. Por lo tanto, debe observarse mucho su temperamento; regáñale por sus faltas, pero hazlo con respeto y cuando te apercibas que su sangre se inclina al contento. Pero, si está mal humorado, dale espacio y suéltale la cuerda, hasta que sus pasiones, como una ballena sobre la arena, se consuman en sus propios esfuerzos. No olvides esto, Tomás y serás un amparo para tus amigos, el vínculo de oro que mantendrá unidos a tus hermanos, tanto, que el vaso en el que su sangre se confunde, será inatacable al veneno de la sugestión que por fuerza la edad derramará en él, aun cuando ese veneno fuera tan violento como el acónito y tan impetuoso como la pólvora.

CLARENCE.- Cultivaré su cariño con toda mi atención y mi ternura.

REY ENRIQUE.- ¿Porqué no estás ahora en Windsor con él, Tomás?

CLARENCE.- No está allí hoy; come en Londres.

REY ENRIQUE.- ¿Quién le acompaña? ¿Puedes decírmelo?

CLARENCE.- Poins y otros de sus compañeros habituales.

REY ENRIQUE.- Las tierras más ricas son las más invadidas por la mala yerba. Y él, la noble imagen de mi juventud, está obstruido por ella; es por eso que mi angustia se extiende más allá de la hora de la muerte. Mi corazón llora sangre cuando me figuro por la imaginación, los días de extravío, los tiempos corrompidos que veréis cuando yo duerma con mis antepasados. Porque cuando su obstinado desenfreno no tenga sujeción, cuando la cólera y el ardor de la sangre sean sus consejeros, cuando los medios y la prodigalidad se reúnan, ¡oh! con que alas le arrebatarán sus pasiones a través de peligros amenazadores, ¡hacia la ruina fatal!

WARWICK.- Mi buen lord, miráis demasiado lejos. El príncipe solo estudia a sus compañeros como una lengua extranjera. Así, para saber un idioma, es necesario haber aprendido las palabras más inmodestas. Una vez que esto se ha conseguido, Vuestra Alteza sabe que no se las emplea ya y que sólo se las conoce para evitarlas. Así, como a esos términos groseros, el príncipe, ilustrado por el tiempo, rechazará a sus compañeros, cuyo recuerdo, como un patrón, como una medida viva, servirá a Su Gracia para estimar la conducta de los otros, aprovechando así los errores pasados.

REY ENRIQUE.- Raro es que la abeja abandone el panal que ha dejado en la carroña... ¿Quién viene? ¿Westmoreland?

(Entra Westmoreland)

WESTMORELAND.- ¡Salud a mi Soberano! ¡Que nuevas dichas se añadan para él a las que vengo a anunciar! El príncipe Juan, vuestro hijo, besa la mano de Vuestra Gracia. Mowbray, el Obispo Scroop, Hastings y todos, cayeron bajo el rigor de vuestra ley. No hay ya una sola espada rebelde desenvainada y la paz extiende por doquiera su ramo de olivo. Cómo se obtuvo este triunfo, más despacio podrá Vuestra Alteza leerlo en este relato completo y detallado.

REY ENRIQUE.- ¡O Westmoreland! ¡Eres el pájaro primaveral que siempre, sobre el anca del invierno, canta el amanecer! Mira, aquí tenemos más noticias.

(Entra Harcourt)

HARCOURT.- ¡El cielo preserve de enemigos a Vuestra Majestad! ¡Y, cuando contra vos se levanten, puedan caer como aquellos de quienes vengo a hablaros! El Conde de Northumberland y lord Bardolph, al frente de una numerosa fuerza de ingleses y escoceses, han sido batidos por el Sheriff del Yorhshire. Los detalles y circunstancias de la lucha, están contenidos ampliamente en estos despachos.

REY ENRIQUE.- ¿Porqué esas buenas noticias me causan este mal? ¿Jamás vendrá la Fortuna con sus dos manos llenas y escribirá siempre sus más bellas palabras en sombríos caracteres? Ora da el apetito y no el alimento, como al pobre en plena salud; ora da un festín y retira el apetito, como al rico, que tiene la abundancia y no la goza. Quisiera regocijarme ahora de esas nuevas felices y mi vista se turba, la cabeza me gira. ¡A mí! aproximaos, me siento muy mal.

(Se desvanece)

HUMPHREY.- ¡Ánimo, Majestad!

CLARENCE.- ¡O mi real padre!

WESTMORELAND.- Mi soberano señor, ¡volved en vos, abrid los ojos!

WARWICK.- Paciencia, príncipes; ya sabéis que estos ataques son ordinarios en Su Alteza. Apartaos de él, dadle aire; pronto volverá en si.

CLARENCE.- No, no; no puede soportar por mucho tiempo esas congojas. La incesante inquietud y trabajo de su espíritu, han roto el muro que le contiene y la vida sale a través y se le escapa.

HUMPHREY.- El pueblo me alarma, porque ha observado criaturas sin padres, monstruosos partos de la naturaleza. Las estaciones han cambiado de carácter, como si el año, encontrando algunos meses dormidos, los hubiera pasado de un salto.

CLARENCE.- El río ha tenido tres mareas, sin reflujo intermediario; la gente vieja, vetusta crónica del pasado, dice que lo mismo sucedió poco tiempo antes que nuestro bisabuelo Eduardo, cayera enfermo y muriera.

WARWICK.- Hablad bajo, príncipe, porque el rey vuelve en sí.

HUMPHREY.- Esta apoplejía concluirá seguramente con él.

REY ENRIQUE.- Os ruego, sostenedme y llevadme a otra pieza; despacio, os suplico.

(Transportan al Rey a una alcoba, en el fondo de la escena y le colocan sobre un lecho)

Que no se haga ruido, mis buenos amigos; quisiera que una mano dulce y cariñosa susurre un poco de música a mi fatigado espíritu.

WARWICK.- Haced venir los músicos al cuarto contiguo.

REY ENRIQUE.- Poned la corona aquí, sobre la almohada.

CLARENCE.- Sus ojos se hunden y cambia mucho.

WARWICK.- Menos ruido, menos ruido.

(Entra el príncipe Enrique)

PRÍNCIPE ENRIQUE.- ¿Quién ha visto al duque de Clarence?

CLARENCE.- Aquí estoy, hermano, agobiado de dolor.

PRÍNCIPE ENRIQUE.- ¿Cómo? ¿Lluvia aquí dentro y no fuera? ¿Cómo va el rey?

HUMPHREY.- Excesivamente mal.

PRÍNCIPE ENRIQUE.- ¿Conoce ya las buenas noticias? Decídselas.

HUMPHREY.- Es al saberlas que se ha agravado.

PRÍNCIPE ENRIQUE.- Si está enfermo de alegría, sanará sin médico.

WARWICK.- No tanto ruido, milords; mi buen príncipe, hablad más bajo. El rey vuestro padre se dispone a dormir.

CLARENCE.- Retirémonos a la otra cámara.

WARWICK.- ¿Vuestra Gracia se dignará venir con nosotros?

PRÍNCIPE ENRIQUE.- No; me sentaré aquí y velaré al rey.

(Salen todos, menos el rey Enrique)

¿Porqué la corona reposa allí sobre su almohada, esa inquieta compañera de lecho? ¡O espléndida perturbación! ¡Dorada ansiedad, que tienes las puertas del sueño de par en par abiertas a tantas noches agitadas! ¡Duerme con ella ahora! ¡Pero no tan profundamente, no con tanta intensa dulzura como aquel que, con la frente ceñida por un tosco gorro, ronca la noche entera! ¡Oh majestad! Cuánto oprimes a aquel que te lleva; lo haces como una rica armadura que, en el calor del día, abrasa protegiendo. A las puertas de su aliento, reposa una suave pluma, que no se agita; si respirara, ese blando e imponderable vello se movería. ¡Mi buen lord! ¡Mi padre! Este sueño es profundo en verdad; es el sueño que ha hecho divorciar a tantos reyes ingleses con esta diadema de oro. Lo que te debo son lágrimas, son las hondas aflicciones de la sangre, que la naturaleza, el amor y la ternura filial, te pagarán, padre querido, ampliamente. Lo que me debes, tú, es esta imperial corona que, como inmediato a tu rango y a tu sangre, me viene por sí misma. Hela aquí puesta:

(coloca la corona sobre su cabeza)

¡que el cielo la guarde! Que todas las fuerzas del mundo se reúnan en un brazo gigante, no me arrancarán éste honor hereditario. La recibí de ti y a los míos la trasmitiré, como tú la dejaste.

(Sale)

REY ENRIQUE.- (Despertándose) ¿Warwick? ¡Gloster! ¡Clarence!

(Vuelve Warwick ylos otros)

CLARENCE.- ¿Llama el rey?

WARWICK.- ¿Qué desea Vuestra Majestad? ¿Cómo se encuentra Vuestra Gracia?

REY ENRIQUE.- ¿Por qué me habéis dejado solo aquí, milords?

CLARENCE.- Dejamos al príncipe mi hermano aquí, mi señor, quién se encargó de velar por vos.

REY ENRIQUE.- ¿El príncipe de Gales? ¿Dónde está? Dejadme verle. No está aquí.

WARWICK.- Esa puerta está abierta; ha salido en esa dirección.

HUMPHREY.- No ha pasado por el cuarto en que estábamos.

REY ENRIQUE.- ¿Dónde está la corona? ¿Quién la ha tomado de mi cabecera?

WARWICK.- Cuando nos retiramos, mi señor, la dejamos aquí.

REY ENRIQUE.- El príncipe la habrá tomado; id en su busca. ¿Tiene tal prisa que confunde mi sueño con mi muerte? Encontradle milord de Warwick y traedle aquí en el acto.

(Sale Warwick)

Esa conducta de su parte se une a la enfermedad para acelerar mi fin. ¡Ved, hijos, como sois! ¡Cuan pronto la naturaleza cae en la rebelión, cuando el oro es su objetivo! Para eso los padres, insensatamente inquietos, han roto su sueño con las preocupaciones, su cerebro por los cuidados, sus huesos por la labor. ¡Para eso han engrosado y apilado impuros montones de oro extrañamente adquiridos! ¡Para eso se han preocupado de educar a sus hijos en las artes y en los ejercicios de la guerra! Tal como las abejas, tomando a cada flor su dulce savia, con los muslos cargados de cera y la boca de miel, llevamos nuestro tesoro a la colmena y, como a las abejas, se nos mata por nuestro trabajo. Ese amargo desencanto premia la previsión del padre expirante.

(Vuelve Warwick)

¿Y bien? ¿Dónde está, el que no puede esperar hasta que su aliada la enfermedad concluya conmigo?

WARWICK.- Milord, he encontrado al príncipe en la cámara contigua, regando con tiernas lágrimas su dulce rostro, en tal actitud de profunda pena que la tiranía, que solo con sangre se desaltera habría al verle, lavado su espada en lágrimas de piedad.

REY ENRIQUE.- Pero ¿por qué ha tomado la corona?

(Vuelve el Príncipe Enrique)

¡Ah! helo aquí. Acércate, Harry. Alejaos de ésta cámara; dejadnos solos.

(Salen Clarence, Humphrey, Lords etc.)

PRÍNCIPE ENRIQUE.- ¡Nunca creí oír ya vuestra voz!

REY ENRIQUE.- Esa idea era hija de tu deseo, Harry. Tardo demasiado cerca de ti y te canso. ¿Tienes tal hambre de mi trono vacío, que quieres violentamente investirte de mis dignidades, antes que la hora madure? ¡Oh, loca juventud! ¡Aspirar a la grandeza que debe abrumarte! Espera tan solo un momento; porque la nube de mi poder, está sostenida por tan débil viento, que pronto caerá: mi día se obscurece. Has estafado aquello que, dentro de pocas horas, era tuyo sin delito. En la hora de mi muerte, has puesto el sello a mis previsiones. En vida me has probado que no me amabas y quieres que muera con esa convicción. Encubres mil puñales en tus pensamientos, que has afilado sobre tu corazón de piedra, para herir la última media hora de mi vida. ¡Como! ¿No puedes tolerarme una media hora mas? Ve, pues, a cavar tú mismo mi tumba y ordena a las alegres campanas que suenen a tus oídos, que estás coronado, no que estoy muerto. ¡Que todas las lágrimas que regarían mi féretro, sean gotas de bálsamo para santificar tú cabeza! Arroja mis restos al polvo del olvido, da a los gusanos aquel que te dio la vida. Expulsa a mis servidores, anula mis decretos, porque la hora ha llegado de escarnecer el orden. Enrique V ha sido coronado: ¡arriba, la locura! ¡Abajo, la Real grandeza! ¡Vosotros todos, sabios consejeros, atrás! ¡Y ahora acudid a la Corte de Inglaterra, de todas las regiones, frívolas abejas! ¡Ahora, vecinas contreras, purgaos de vuestra escoria!. ¿Tenéis algún rufián que jure, beba, baile, pase la noche en jarana, robe, asesine y cometa los más viejos crímenes de la manera más nueva? Sed felices ya no os incomodará más: ¡Inglaterra va a cubrir con un doble dorado su triple infamia! Inglaterra le dará empleo, honor, poder; porque el quinto Enrique arranca a la Licencia domada el bozal de la represión y la perra salvaje va a clavar su diente en la inocencia. ¡Oh mi pobre reino, enfermo de las luchas intestinas! Si mis cuidados no han podido preservarte del desastre, ¿qué será de ti, cuando sea el desastre quien te cuide? ¡De nuevo te convertirás en un desierto, poblado por los lobos tus antiguos habitantes!

PRÍNCIPE ENRIQUE.- (Arrodillándose) Perdonadrne, mi señor, pero si las lágrimas no hubieran detenido una palabra, me habría anticipado a esos duros y acerbos reproches, antes que vuestro dolor hubiera hablado, antes que tan lejos hubiera llegado. He aquí vuestra corona: que Aquel que lleva la corona inmortal, os la guarde largo tiempo. Si de otra manera la estimo, que como vuestro honor y vuestra gloria, que jamás me levante de esta postura obediente (que mi espíritu profundamente leal y respetuoso me sugiere) como el homenaje visible de su sumisión. El cielo me es testigo que, cuan un aquí llegó y encontré sin aliento a Vuestra Majestad, un frío mortal penetró mi corazón. Si finjo, ¡pueda morir en mi presente desvarío y no vivir bastante para mostrar al mundo incrédulo, el noble cambio que me había propuesto! Habiéndome acercado para miraros, creyendoos muerto (casi muerto yo mismo), ¡oh! mi soberano, pensando que lo estabais, hablé a la corona como si pudiera oírme y así la vituperé: *Los cuidados que causas, aniquilaron el cuerpo de mi padre. Así, tú, del mejor oro, eres el oro peor. Otro, de menos ley que tú, es más precioso, porque bajo la forma de medicina, preserva la vida humana; pero tú, más fino, más lleno de honores, más renombrado, ¡devoras al que te lleva!* Fue así, mi real Soberano, que acusando a la corona, la puse sobre mi cabeza para medirme con ella, como con un enemigo que, a mi vista, hubiera asesinado a mi padre: querella de buen heredero. Pero si ha llegado a infestar de gozo mi alma o a inflar de orgullo mi corazón, si el menor espíritu de rebelión o de vanidad me ha hecho acoger el poder que simboliza con la menor afección de bienvenida, ¡que el cielo la aleje para siempre de mi cabeza y me convierta en el más miserable de los vasallos que con reverencia y pavor se arrodillaban ante ella!

REY ENRIQUE.- ¡Oh! ¡hijo mío! El cielo, te inspiró la idea de tomarla, para que pudieras acrecentar el amor de tu padre, abogando tan cuerdamente en tu excusa. Acércate, Harry, siéntate cerca de mi lecho y oye mis consejos, los últimos, creo, que proferiré. El cielo conoce, hijo mío, porqué sendas extraviadas, porqué caminos tortuosos o indirectos, alcancé esta corona; yo mismo sé cuán laboriosamente se fijó sobre mi cabeza. Sobre la tuya descenderá más tranquilamente, con mayor respeto de la opinión, más firme, porque toda la mancha de la adquisición bajará conmigo a la tumba. Aparecía en mí, sólo como un honor arrancado con violenta mano y muchos hombres vivían para echarme en cara haberla ganado con su asistencia. De ahí las querellas diarias y los sangrientos trastornos de una paz ilusoria. Tú has visto con qué peligro he arrostrado esas amenazas insolentes, porque todo mi reino no ha sido sino el drama en que se ha desenvuelto ese argumento. Pero ahora mi muerte cambia la situación; porque lo que en mí fue una adquisición, te llega por un camino más digno, porque obtienes la diadema por sucesión. Sin embargo, aunque tú te establecerás con mayor firmeza de la que yo podía alcanzar, no tendrás solidez suficiente mientras persistan las quejas aun vivaces. Todos mis amigos, de los que debes hacer tus amigos, solo desde hace poco perdieron sus garras y sus dientes; elevado primeramente por su ruda asistencia, temí luego ser derribado por su poder. Para evitarlo, les hice pedazos; tenía ahora el proyecto de conducir el resto a Tierra Santa, temiendo que el reposo y la inacción no les aconsejasen examinar de cerca mi autoridad. Así pues, Harry, que ese sea tu sistema ocupar esos espíritus inquietos, en guerras extranjeras, de manera que su actividad, ejercitada lejos de aquí, pueda borrar la memoria de los primeros días. Más te diría, pero mis pulmones están de tal modo fatigados, que ya no tengo fuerza para hablar. ¡Que Dios me perdone como alcancé la corona y permita que puedas tú vivir en paz con ella!

PRÍNCIPE ENRIQUE.- Mi gracioso señor, la habéis ganado, llevado, conservado y me la dais; así, mi posesión es completa y legítima: con una energía superior a la común, la defenderé contra el mundo entero.

(Entran el Príncipe Juan de Lancaster, Warwick, lores, etc.)

REY ENRIQUE.- Mirad, mirad, ahí viene mi Juan de Lancaster.

PRÍNCIPE JUAN.- ¡Salud, paz y prosperidad a mi real padre!

REY ENRIQUE.- Me traes la prosperidad y la paz, hijo Juan; pero la salud, ¡ay! volose sobre sus alas juveniles de este tronco seco y marchito. Ya lo ves; mi tarea en este mundo toca a su fin. ¿Dónde está milord de Warwick?

PRÍNCIPE ENRIQUE.- ¡Milord de Warwick!

REY ENRIQUE.- La cámara en la que me desvanecí por primera vez, ¿tiene algún nombre particular?

WARWICK.- La llaman Jerusalén, mi noble señor.

REY ENRIQUE.- ¡Dios sea alabado! Es allí donde debe concluir mi vida. Se me ha profetizado hace muchos años que no moriría sino en Jerusalén; había creído por error que sería en Tierra Santa. Pero llevadme a esa cámara; quiero reposar allí; en esa Jerusalén morirá Enrique.

(Salen)

Enrique IV: Segunda parte, Acto V, Escena I

ACTO V

ESCENA I

GLOUCESTERSHIRE- Un cuarto en la casa del Juez Trivial.

(Entran Trivial, Falstaff, Bardolfo y el Paje)

TRIVIAL.- Vive Dios, señor mío, que no os iréis esta noche.- Vamos, Davy, ¿vienes?

FALSTAFF.- Es necesario que me excuséis, maese Trivial.

TRIVIAL.- No os excusaré; no seréis excusado; no se admitirán excusas; no hay excusa que valga, no seréis escusado... Y bien, ¡Davy!

(Entra Davy)

DAVY.- Aquí estoy, señor.

TRIVIAL.- Davy, Davy, Davy... A ver, Davy, a ver... Ya, ¡eso es! William, el cocinero... decidle que venga. Sir John, no seréis excusado.

DAVY.- ¡Ay, señor! esas órdenes no pueden ser ejecutadas; una vez más, señor, ¿sembraremos de trigo la tierra del cercado?

TRIVIAL.- De trigo rojo, Davy... Pero en cuanto a William, el cocinero... ¿No hay pichones tiernos?

DAVY.- Sí, señor. He aquí ahora la cuenta del herrero por herraduras y hierros de arado.

TRIVIAL.- Que se examine y se pague... Sir John, no seréis excusado.

DAVY.- Señor, el cubo necesita absolutamente un anillo nuevo... Además, señor, ¿pensáis retener algo sobre el sueldo de William, por el saco que perdió el otro día en la feria de Kinckley?

TRIVIAL.- Debe responder de él... Algunos pichones, Davy, un par de gallinas de patas cortas, un cuarto de carnero y algunas pequeñas fruslerías bien sabrosas... Avisa a William el cocinero.

DAVY.- ¿El hombre de guerra se quedará aquí toda la noche, señor?

TRIVIAL.- Sí, Davy. Quiero tratarle bien. Un amigo en la Corte vale más que un penique en el bolsillo. Trata a esos hombres bien, Davy, porque son bribones de cuenta y pueden difamarnos.

DAVY.- No más sin embargo que lo que se les difama a ellos mismos.

TRIVIAL.- Bien encontrado, Davy. Ahora, a tu quehacer.

DAVY.- Os ruego, señor, que apoyéis a William. Visor, de Wincot, contra Clement Perkes de la Colina.

TRIVIAL.- Hay muchas quejas, Davy, contra ese Visor; ese Visor es un pillo de cuenta, según sé.

DAVY.- Concedo a Vuestro Honor que es un pillo; pero no obstante, señor, no quiera Dios que a un pillo pueda faltarle apoyo, cuando un amigo lo pide. Un hombre de bien, señor, puede hablar por sí mismo; no así un pillo. He servido con fidelidad a Vuestro Honor desde hace ocho años y si no puedo una o dos veces por mes, sacar adelante a un pillo contra un hombre honrado, tengo bien poco crédito con Vuestro Honor. Ese pillo es un amigo honrado para mí; así, ruego a Vuestro Honor que lo favorezca.

TRIVIAL.- Vamos, bien está; no le sucederá nada malo. A tu quehacer, Davy.

(Davy sale)

¿Dónde estáis, Sir John? Vamos, sacaos las botas. Dadme vuestra mano, maese Bardolfo.

BARDOLFO.- Me alegro de ver a Vuestro Honor.

TRIVIAL.- Te lo agradezco de todo corazón, gentil maese Bardolfo.

(Al paje)

Bien venido, mi gran muchacho. Vamos, Sir John.

(Sale Trivial)

FALSTAFF.- Ya os sigo, mi buen maese Roberto. Bardolfo, cuida de los caballos.

(Salen Bardolfo y el Paje)

Si me dividieran en varios pedazos, haría cuatro docenas de báculos de ermita barbudo, como Trivial. Es una cosa maravillosa observar la completa conexión que existe entre el espíritu de sus servidores y el suyo. Ellos, a fuerza de observarle, han tomado el aire de jueces reblandecidos; él, conversando con ellos, el de un criado de juez. Sus espíritus están tan estrechamente unidos por el comercio social constante, que marchan todos en manada, como gansos silvestres. Si quisiera obtener algún favor de maese Trivial, adularía a sus gentes, afirmándoles que hacen uno con su amo; si de sus gentes, lisonjearía a maese Trivial, asegurándole que ningún hombre tiene más imperio sobre sus servidores. Es un hecho que tanto el espíritu como la imbecilidad se contagian en los hombres, de uno a otro; por tanto, hay que preocuparse de las compañías. Tendré tema suficiente, con éste Trivial, para tener al príncipe Harry en continua risa durante seis modas (que comprenden cuatro términos o dos acciones por deudas) y reirá así sin intervalos. ¡Es enorme el efecto que hace una mentira, sostenida por un juramento ligero y una broma, dicha con aire serio, sobre un muchacho a quien nunca han dolido las espaldas! ¡Oh! ¡le veréis reír hasta que su cara se ponga, como una capa mojada y puesta de través!

TRIVIAL.- (Dentro) ¡Sir John!

FALSTAFF.- Voy allá, maese Trivial, voy allá.

(Sale)

Enrique IV: Segunda parte, Acto V, Escena II

ACTO V

ESCENA II

WESTMINSTER- Una sala en palacio.

(Entran Warwick y el lord Justicia Mayor)

WARWICK.- Y bien, milord Gran Juez, ¿dónde vais?

LORD JUSTICIA.- ¿Cómo está el rey?

WARWICK.- Excesivamente bien; todas sus penas han concluido.

LORD JUSTICIA.- ¿No ha muerto, espero?

WARWICK.- Ha recorrido el camino de la naturaleza y para nosotros ya no vive.

LORD JUSTICIA.- Hubiera querido que Su Majestad me llevara consigo; los servicios que fielmente le presté durante su vida, me dejan expuesto a todo género de vejámenes.

WARWICK.- A la verdad, me parece que el joven rey no os tiene mucho cariño.

LORD JUSTICIA.- No lo ignoro; me he preparado a hacer frente a las circunstancias, que no pueden ser más horribles para mí que lo que mi imaginación me las representa.

(Entran el Príncipe Juan, Príncipe Humphrey, Clarence, Westmoreland y otros)

WARWICK.- Aquí viene la angustiada descendencia del muerto Enrique. ¡Oh! ¡si el Enrique vivo tuviera el temple del menos favorecido de esos tres caballeros! ¡Cuantos nobles conservarían entonces sus puestos, que ahora tendrán que arriar pabellón ante hombres de la más vil especie!

LORD JUSTICIA.- ¡Ay! ¡temo que todo se ha trastornado!

PRÍNCIPE JUAN.- Buen día, primo Warwick.

HUMPHRAY Y CLARENCE.- Buen día, primo.

PRÍNCIPE JUAN.- Nos encontramos como hombres que han olvidado el habla.

WARWICK.- La recordamos; pero nuestro argumento es demasiado penoso para admitir mucha plática.

PRÍNCIPE JUAN.- Bien, que la paz sea con aquel que nos ha sumido en la tristeza.

LORD JUSTICIA.- Que la paz sea con nosotros y nos preserve de mayor tristeza.

HUMPHREY.- Oh, mi buen lord, habéis perdido un amigo seguramente; me atrevería a jurar que, no es fingida la tristeza de vuestra cara; es sincera.

PRÍNCIPE JUAN.- Aunque ningún hombre está seguro de la suerte que le espera, vos estáis en una fría expectativa. Eso me entristece en extremo; quisiera que no fuera así.

CLARENCE.- Ahora tendréis que tratar bien a Sir John Falstaff, nadando así contra la corriente de vuestro carácter.

LORD JUSTICIA.- Mis buenos príncipes, lo que he hecho lo he hecho honorablemente, guiado por la imparcial dirección de mi conciencia; nunca me veréis solicitar remisión por medio de indignos manejos. Si la verdad y la recta inocencia me fallan, iré a encontrar a mi señor el rey muerto y le diré quien me envió a reunirme con él.

WARWICK.- He aquí el príncipe que viene.

(Entra el Rey Enrique V)

LORD JUSTICIA.- ¡Buen día y que Dios guarde a Vuestra Majestad!

REY ENRIQUE V.- Este nuevo y esplendoroso adorno, la Majestad, no me es tan cómodo como pensáis. Hermanos, mezcláis algún temor a vuestra tristeza; esta es la corte de Inglaterra y no de Turquía; no sucede un Amurat a un Amurat, sino un Enrique a un Enrique. No obstante, estad tristes, mis buenos hermanos, porque, a decir verdad, eso os sienta bien. Lleváis el duelo de tan soberana manera, que quiero arraigar profundamente esa moda y llevarla en mi corazón. Estad, pues, tristes; pero no habléis de esa tristeza, mis buenos hermanos, sino como de una carga que pesa por igual sobre todos nosotros. En cuanto a mí, podéis estar seguros, seré a la vez vuestro padre y vuestro hermano. Dadme vuestro amor, yo os daré mi solicitud. Llorad al Enrique muerto; también le lloraré yo. Pero vive un Enrique que convertirá esas lágrimas en otras tantas horas de alegría.

LOS PRÍNCIPES.- No esperamos otra cosa de Vuestra Majestad.

REY ENRIQUE V.- Me miráis todos de extraña manera;

(al lord Justicia)

sobre todo vos. Estáis seguro, pienso, que no os tengo afecto.

LORD JUSTICIA.- Estoy seguro, si se me juzga rectamente, que Vuestra Majestad no tiene justo motivo de odiarme.

REY ENRIQUE V.- ¡No, eh! ¿Cómo puede un príncipe llamado como yo a tan altos destinos, olvidar las graves indignidades que me habéis hecho sufrir? ¡Cómo! ¿Regañar, censurar y enviar rudamente a la prisión al heredero inmediato de la corona? ¿Eso es sencillo? ¿Puede eso ser lavado en el Leteo y olvidado?

LORD JUSTICIA.- Representaba entonces la persona de vuestro padre y la imagen de su poder estaba en mí. En la administración de justicia estaba yo encargado del interés público, cuando plugo a Vuestra Alteza olvidar mi dignidad, la majestad y el poder de la ley y la justicia, la imagen del rey que yo representaba, llegando hasta pegarme sobre mi sitial mismo de Juez. Entonces, como contra un ofensor de vuestro padre, hice uso enérgico de mi autoridad y os hice arrestar. Si el acto era vituperable, debéis resignaros, ahora que lleváis la diadema, a ver un hijo burlarse de vuestros decretos, a arrancar la justicia de vuestro augusto tribunal, echar por tierra la ley y embotar la espada que guarda la paz y la seguridad de vuestra persona, que digo, a desdeñar vuestra real imagen y mofarse de vuestros actos hechos por un segundo vos mismo. Interrogad vuestra real inteligencia, haced vuestro el caso, sed ahora el padre y suponed el hijo; oíd que vuestra dignidad ha sido de esa manera profanada, ved vuestras leyes más formidables tan aturdidamente escarnecidas, figuraos vos mismo así despreciado por un hijo o imaginadme entonces a mí tomando vuestro partido y, en uso de vuestra autoridad, reduciendo vuestro hijo dignamente al silencio. Después de ese frío examen, sentenciadme y, como sois rey, declarad, en esa calidad, lo que haya hecho que menoscabe mi puesto, mi persona o a la soberanía de mi señor.

REY ENRIQUE.- Estáis en la verdad, Juez, y pensáis muy bien las cosas. Conservad, pues, la balanza y la espada. Deseo que vuestros honores se acrecienten hasta que viváis bastante para ver un hijo mío ofenderos y obedeceros como lo he hecho. Pueda yo también vivir para repetir las palabras de mi padre: *Feliz soy en tener un servidor tan enérgico para tener el valor de hacer justicia en mi propio hijo y no menos feliz en tener un hijo que así entrega su grandeza al brazo de la justicia*. Me habéis hecho, arrestar; por eso coloco en vuestras manos la inmaculada espada que estáis habituado a llevar con esta recomendación: que la uséis con el mismo enérgico, justo e imparcial espíritu, con que lo habéis hecho contra mí. He aquí mi mano; seréis un padre para mi juventud; mi voz hará oír aquello que insinuéis a mi oído y sujetaré humildemente mis propósitos a la sabia dirección de vuestra experiencia y vosotros todos, príncipes, creedme, os lo ruego. Mi padre ha llevado consigo a la tumba mis desenfrenos, porque es allí que reposan mis afecciones. Yo sobrevivo con su reposado espíritu, para burlarme de la expectativa del mundo, para frustrar las profecías, para destruir la carcomida sentencia que me ha condenado según mis apariencias. En mí, la ola de la sangre ha rodado hasta ahora locamente en vanidad; ahora se vuelve y refluye hacia el mar, dónde va a confundirse en el dominio de las olas y correr en adelante en la calma de la majestad. Convoquemos ahora nuestra alta corte del parlamento y elijamos de tal manera los miembros del noble Consejo, que el gran cuerpo de nuestra nación pueda marchar en el mismo rango que los países mejor gobernados; que la guerra o la paz, o ambas a la vez, sean para nosotros cosas familiares y conocidas,

(al lord Justicia)

En lo que, padre, tendréis la alta mano. Hecha nuestra coronación, reuniremos, como lo he recordado antes, todos nuestros estados y- si Dios suscribe a mis buenas intenciones- ningún príncipe, ningún par, tendrá justa causa para desear que el cielo abrevie de un solo día la afortunada vida de Enrique.

(Salen)

Enrique IV: Segunda parte, Acto V, Escena III

ACTO V

ESCENA III

GLOUCESTERSHIRE- El jardín de la casa de Trivial.

(Entran Falstaff, Silencio, Bardolfo, el Paje y Davy)

TRIVIAL.- Bien, ahora veréis mi huerta y bajo una glorieta comeremos una manzana esperiega que yo he injertado con mi propia mano, con un plato de anís y otras cosillas; vamos, primo Silencio y luego a la cama.

FALSTAFF.- Vive Dios que tenéis aquí una buena habitación y rica.

TRIVIAL.- Improductiva, improductiva, improductiva; parásitos todos, parásitos todos, Sir John... ¡Bah! el aire es bueno; sirve, Davy, sirve, Davy. Bien, Davy.

FALSTAFF.- Este Davy os sirve para muchos usos; es vuestro criado y vuestro labrador.

TRIVIAL.- Es un buen criado, un buen criado, un excelente criado, Sir John... ¡Por la misa! He bebido demasiado vino en la cena... ¡Un buen criado! Ahora sentaos, ahora sentaos; venid, primo.

SILENCIO.- Por mi fe, no haremos.

(cantando) *Más que comer y banquetear*
Y agradecer al cielo el año feliz;
Cuando la carne está barata y las hembras caras
Y que los robustos muchachos andan rondando
Tan alegremente
Y por siempre alegremente.

FALSTAFF.- ¡He ahí un carácter alegre! Buen maese Silencio, una copa al instante ¡a vuestra salud!

TRIVIAL.- Servid vino a maese Bardolfo, Davy.

DAVY.- Mi dulce señor, sentaos; (haciendo sentar a Bardolfo y al Paje a otra mesa) Soy con vosotros al momento, dulcísimo señor. Maese Paje, buen maese Paje, sentaos: ¡que aproveche! Lo que os falta en comida, lo tendremos en bebida. Pero nos excusaréis; la buena intención es todo.

TRIVIAL.- ¡Alegría, maese Bardolfo! Y vos allá, soldadillo, ¡alegría!

SILENCIO.- (Cantando): *Alegría, alegría, mi mujer es como todas;*
Las mujeres son bribonas, tanto grandes corno pequeñas,
Hay alegría en la sala, cuando las barbas ondean
¡Bienvenida la alegre carnestolenda!

FALSTAFF.- Nunca hubiera pensado que maese Silencio fuera un hombre de esos bríos.

SILENCIO.- ¿Quién, yo? Más de una vez he estado obispo. (Vuelve Davy)

DAVY.- (Colocando un plato delante de Bardolfo) He aquí un plato de manzanas para vos.

TRIVIAL.- ¡Davy!

DAVY.- ¿Señor?

(a Bardolfo)

En seguida soy con vos

(a Trivial)

¿Una copa de vino, señor?

SILENCIO.- (Cantando)

Una copa de vino, que sea vino fino
¡Yo bebo a mi querida!
¡Un corazón alegre vive mucho tiempo!

FALSTAFF.- ¡Bien dicho, maese Silencio!

SILENCIO.- Debemos estar alegres; ahora viene la dulce hora de la noche.

FALSTAFF.- ¡Salud y larga vida, maese Silencio!

SILENCIO.- (Cantando)

Llevad la, copa y pasádmela;
Os correspondo hasta una milla más allá.

TRIVIAL.- Honesto Bardolfo, bien venido. Si tienes necesidad de algo y no lo pides, el diablo te lleve

(al Paje)

Bienvenido, briboncillo; tú también, bien venido, a fe mía. Quiero beber a maese Bardolfo y a todos los alegres muchachos de Londres.

DAVY.- Espero ver Londres una vez antes de morir.

BARDOLFO.- Si puedo veros allí, Davy...

TRIVIAL.- ¡Por la misa! Os beberéis una pinta juntos, ¿heim? ¿No es así, maese Bardolfo?

BARDOLFO.- Sí, señor, en un jarro de cuatro pintas.

TRIVIAL.- Gracias; el pillo no te soltará; tendrá firme; es de buena sangre.

BARDOLFO.- Yo tampoco le soltaré; señor.

TRIVIAL.- Bien, eso es hablar como un rey. No os privéis de nada y estad alegres.

(Llaman)

Mira quién está a la puerta; ¡hola! ¿Quién llama?

(Sale Davy)

FALSTAFF.- (A Silencio, que ha bebido un largo trago) Así, ahora me habéis correspondido.

SILENCIO.- (Cantando)

Correspóndeme
Y hazme caballero
¡Samingo!
¿No es así?

FALSTAFF.- Eso es.

SILENCIO.- ¿Es así? Confesad entonces que un hombre viejo sirve para algo.

(Vuelve Davy)

DAVY.- Con el permiso de Vuestra Señoría, es un Pistola que trae noticias de la Corte.

FALSTAFF.- ¿De la Corte? ¡Que entre!

(Entra Pistola)

¿Qué hay de nuevo, Pistola?

PISTOLA.- ¡Dios os guarde, Sir John!

FALSTAFF.- ¿Qué viento te ha empujado por aquí, Pistola?

PISTOLA.- No es el mal viento que nunca empuja al bueno... Dulce caballero, eres ahora uno de los más grandes personajes del reino.

SILENCIO.- Por nuestra Señora, creo que lo es; después del bueno de Puf de Barson, sin embargo.

PISTOLA.- ¿Puf? Al diablo Puf, ¡follón villano y cobarde! Sir John, soy tu Pistola, soy tu amigo y a rienda suelta he corrido hasta ti y te traigo las noticias más afortunadas y gozosas de sucesos de oro, ¡nuevas del mayor precio!

FALSTAFF.- Te ruego, suéltalas como un humilde mortal.

PISTOLA.- ¡El diablo se lleve este mundo y sus humildes mortales! ¡Hablo del África y de sus placeres de oro!

FALSTAFF.- Oh vil caballero asirio, ¿qué noticias traes? ¡Di la verdad al rey Cophetua!

SILENCIO.- (Cantando)

Y Robin Hood, Escarlata y Juan.

PISTOLA.- ¿Corresponde a los perros sarnosos contestar a los hijos del Helicon? ¿Es permitido mofarse de las buenas noticias? Si es así, Pistola, ¡oculta tu cabeza en el regazo de las Furias!

TRIVIAL.- Honesto caballero, no entiendo jota de lo que decís.

PISTOLA.- Entonces, deplóralo.

TRIVIAL.- Perdonadme, señor. Si traéis, señor, noticias de la Corte, pienso que no hay más que dos caminos: o decirlas o callarlas. Ejerzo, señor, por el rey, alguna autoridad.

PISTOLA.- ¿Porqué rey, andrajoso? Habla o muere.

TRIVIAL.- Por el rey Enrique.

PISTOLA.- ¿Enrique IV o V?

TRIVIAL.- Enrique IV.

PISTOLA.- ¡Al diablo tu oficio! Sir John, tu tierno corderillo es ahora rey, Enrique V es el hombre. Digo la verdad. Si Pistola miente, hazme esto: la higa, como a un fanfarrón español.

FALSTAFF.- ¿Cómo? ¿El viejo rey ha muerto?

PISTOLA.- Cómo un clavo en una puerta; lo que afirmo es exacto.

FALSTAFF.- ¡En marcha, Bardolfo! Ensilla mi caballo. Maese Roberto Trivial, elige el empleo que quieras en el país; tuyo es. Pistola, quiero agobiarte de dignidades.

BARDOLFO.- ¡O día feliz! ¡No daría mi fortuna por un título de caballero!

PISTOLA.- ¿Qué tal? ¡Traigo buenas noticias!

FALSTAFF.- Llevad a la cama a maese Silencio. Maese Trivial, milord Trivial, sé lo que quieras, yo soy el proveedor de la fortuna. Ponte las botas; galopemos toda la noche. ¡Oh! ¡suave Pistola!. ¡En marcha, Bardolfo!

(Sale Bardolfo)

Ven, Pistola, cuéntame todo y además, piensa en lo que puede convenirte. Las botas, las botas, maese Trivial. Sé que el joven rey languidece por mi ausencia. Tomemos los primeros caballos que encontremos; las leyes de Inglaterra están a mis órdenes. Felices aquellos que han sido mis amigos y ¡ay! ¡de milord Justicia Mayor!

PISTOLA.- ¡Que los viles buitres le devoren los pulmones! Dónde está la vida que antaño llevaba, dicen; y bien, hela aquí. ¡Bienvenidos estos gratos días!

(Salen)

Enrique IV: Segunda parte, Acto V, Escena IV

ACTO V

ESCENA IV

LONDRES- Una calle.

(Entran alguaciles arrastrando a mistress Quickly y a Dorotea Rompe-Sábana)

HOSTELERA.- No, infame bribón; aun a costa de mi vida, quisiera verte ahorcado. Me has dislocado el hombro.

1er. ALGUACIL.- Los contables me la han entregado y se llevará una azotaina en regla, se lo garantizo. Últimamente ha habido uno o dos hombres muertos por su causa.

DOROTEA.- Mientes, maldito corchete, mientes. Óyeme; quiero decirte, maldecido canalla con cara de tripa, que si el hijo que llevo nace antes de tiempo, más te hubiera valido golpear a tu madre, villano con rostro de papel.

HOSTELERA.- ¡Oh señor! ¡Si Sir John estuviera aquí! ¡Habría hecho que este día fuera sangriento para alguno! ¡Pero ruego a Dios que el fruto de sus entrañas aborte!

1er. ALGUACIL.- Si eso sucede, necesitaréis hasta doce almohadillas; por ahora no tenéis más que once. Vamos, os ordeno, a ambas que me sigáis, porque el hombre que habéis golpeado Pistola y vos, ha muerto.

DOROTEA.- Te diré, cara de incensario; te haré azotar en regla, infame mosca azul, verdugo tísico Si no te hago dar una azotaina, renuncio para siempre a las faldas.

1er. ALGUACIL.- ¡Vamos, caballero errante hembra, en marcha!

HOSTELERA.- ¡Oh! ¡Que la fuerza aplaste así al derecho! Está bien; después de la pena el placer.

DOROTEA.- Vamos, villano, vamos; llevadme a un juez.

HOSTELERA.- ¡Sí, vamos, sabueso hambriento!

DOROTEA.- ¡Espectro! ¡Osamenta!

HOSTELERA.- ¡Esqueleto!

DOROTEA.- ¡Aida, perro flaco, degradado!

1er. ALGUACIL.- Perfectamente.

(Salen)

Enrique IV: Segunda parte, Acto V, Escena V

ACTO V

ESCENA V

Una plaza cerca de la abadía de Westminster.

(Entran dos grooms y cubren el suelo con esteras)

ler. GROOM.- ¡Más esteras, más esteras!

2° GROOM.- Las trompetas han tocado dos veces.

ler. GROOM.- Serán las dos antes que vuelvan de la coronación. Despachemos, despachemos.

(Los grooms salen)

(Entran Falstaff, Trivial, Pistola, Bardolfo y el Paje)

FALSTAFF.- Colocaos cerca de mí, maese Roberto, Trivial; haré que el rey os distinga. Le guiñaré el ojo así que llegue y observad que cara va a ponerme.

PISTOLA.- Dios bendiga tus pulmones, buen caballero.

FALSTAFF.- Ven aquí, Pistola; colócate detrás de mí

(a Trivial)

¡Oh! si hubiera tenido tiempo de mandar hacer libreas nuevas, habría gastado en ellas las mil libras que me habéis prestado. Pero no importa; esta pobre apariencia conviene más. Le hará comprender mi celo por verle.

TRIVIAL.- Así lo creo.

FALSTAFF.- Hará ver el calor de mi afecto.

TRIVIAL.- Así lo creo.

FALSTAFF.- Mi devoción.

TRIVIAL.- Así lo creo, así lo creo.

FALSTAFF.- Revelará que he estado a caballo todo el día y toda la noche, sin deliberar, sin acordarme de nada, sin tiempo ni paciencia para mudarme.

TRIVIAL.- Es bien cierto.

FALSTAFF.- Y que he venido a colocarme aquí, maculado aun por el viaje, sudando del deseo de verle, no pensando en otra cosa, olvidando todo otro asunto, como si no tuviera otra cosa que hacer en el mundo, sino verle.

PISTOLA.- Es *semper idem*, porque *abs que hoc nihil est*. Eso está en regla.

TRIVIAL.- Así es, ciertamente.

PISTOLA.- Mi caballero, voy a inflamar tu noble hígado y hacerte encolerizar. Tu Dorotea, Helena de tus nobles pensamientos, está en un inmundo calabozo, en una infecta prisión, adonde la han arrastrado las más villanas y sucias manos. Levanta de su antro de ébano la vengadora serpiente de la feroz Alectro, porque Dorotea está en el violín. Pistola sólo habla la verdad.

(Aclamación en el interior y toques de trompeta)

FALSTAFF.- Yo la libertaré.

PISTOLA.- He ahí los rugidos del mar y el brillante sollar de las trompetas.

(Entran el Rey con su séquito, en el cual se ve al Justicia Mayor)

FALSTAFF.- ¡Dios salve a tu Gracia, rey Hal! ¡mi real Hal!

PISTOLA.- ¡Los cielos te guarden y te preserven, muy augusto vástago de la fama!

FALSTAFF.- ¡Dios te salve muchacho querido!

REY ENRIQUE V.- Milord Justicia, hablad a ese insensato.

LORD JUSTICIA.- ¿Estáis en vuestro sentido? ¿Sabéis lo que decís?

FALSTAFF.- ¡Mi Rey! ¡Mi Júpiter! ¡Es a ti a quien hablo, mi corazón!

REY ENRIQUE V.- No te conozco, anciano. Ve a tus oraciones. ¡Que mal sientan los cabellos blancos a un loco y a un bufón! Largo tiempo he soñado con un hombre de esa especie, tan hinchado por la orgía, tan viejo y tan profano. Pero, despierto, he despreciado mi sueño. En adelante, amengua tu cuerpo y aumenta tu virtud; abandona la glotonería; sabe que la tumba se abre para ti tres veces más ancha que para el resto de los hombres. No me contestes con una bufonada. No presumas que soy lo que fui; porque el cielo lo sabe y el mundo se apercibirá, que he despojado en mí el antiguo hombre y que otro tanto haré con aquellos que fueron mis compañeros. Cuando oigas que soy lo que fui, acércateme y serás lo que fuiste, el tutor y el incitador de mis excesos. Hasta entonces, te destierro, bajo pena de muerte, como he hecho con el resto de mis corruptores y te prohíbo permanecer a menos de diez millas de mi persona. En cuanto a medios de subsistencia, yo los proveeré, para que la falta de recursos no te empuje al mal; y si sabemos que os habéis reformado, entonces, de acuerdo con vuestras facultades y méritos, os ocuparemos.

(Al lord Justicia)

Encargaos, milord, de hacer cumplir nuestras órdenes. Adelante.

(Salen el Rey y su séquito)

FALSTAFF.- Maese Trivial, os debo mil libras.

TRIVIAL.- ¡Ay! Si, Sir John, os ruego me permitáis llevármelas a casa.

FALSTAFF.- Dificilmente podrá ser, maese Trivial; no os apesadumbréis por esto; pronto me hará llamar en privado; ya comprenderéis que esto lo hace por la galería. No temáis por vuestro ascenso; aun seré el hombre que os hará grande.

TRIVIAL.- No alcanzo a comprender cómo, a menos que me deis vuestra casaca y me rellenéis de paja. Os ruego, Sir John, devolvedme al menos quinientas de mis mil libras.

FALSTAFF.- Caballero, mantendré mi palabra; lo que habéis oído, no es más que un color.

TRIVIAL. - Temo que moriréis con ese color, Sir John.

FALSTAFF.- No temáis los colores y venios a comer conmigo. Vamos, teniente Pistola; vamos, Bardolfo; seré llamado antes de la noche.

(Vuelven el Príncipe Juan, el lord Justicia Mayor, oficiales etc.)

LORD JUSTICIA.- Vamos, llevad a Sir John Falstaff a la prisión de Fleet-Street y con él a todos sus compañeros.

FALSTAFF.- Milord, milord...

LORD JUSTICIA.- No puedo hablar ahora; en breve os oiré. Llevadles.

PISTOLA.- Si fortuna me tormenta, esperanza me contenta.

(Salen Falstaff, Trivial, Pistola, Bardolfo, el Paje y los oficiales)

PRÍNCIPE JUAN.- Me gusta esa hermosa conducta del rey; entiende que sus compañeros habituales sean dignamente auxiliados; pero todos son desterrados hasta que sus hábitos parezcan al mundo más cuerdos y decorosos.

LORD JUSTICIA.- Así es.

PRÍNCIPE JUAN.- El rey ha convocado su parlamento, milord.

LORD JUSTICIA.- En efecto.

PRÍNCIPE JUAN.- Apostaría que, antes de concluir el año, llevaremos nuestras armas nacionales y nuestro ardor nativo hasta Francia. He oído cantar eso a un pájaro y me ha parecido que su música agradaba al rey. Vamos, ¿venís?

(Salen)

Enrique IV: Segunda parte, Epílogo

EPÍLOGO

DICHO POR UN BAILARÍN

Primero, mi temor; luego mi reverencia, último, mi discurso. Mi temor, es vuestro desagrado; mi reverencia, mi homenaje y mi discurso, mi disculpa. Si ahora esperáis un buen discurso, estoy perdido; porque lo que tengo que decir, es de mi propia cosecha; y lo que debo decir será, a la verdad, en mi propio perjuicio. Pero al grano y a la buenaventura... Sabréis, pues (como bien lo sabéis) que me encontraba aquí al final de una pieza desgraciada, para pediros paciencia para ella y prometeros una mejor. Pensaba, a la verdad, cumplir mi promesa con esta; pero, si, como una mala operación, no tiene éxito, quiebro y vosotros, mis amables acreedores, perdéis. Prometí que aquí estaría y aquí entrego mi persona a vuestra merced. Rebajad vuestro crédito y os pagaré una parte, haciéndoos promesas infinitas, como lo hacen muchos deudores. Si mi lengua no alcanza a induciros a darme carta de pago, ¿queréis que ponga en juego mis piernas? Pero sería pagar en moneda demasiado ligera, compensar mi deuda con cabriolas. Una conciencia sana debe dar todas las satisfacciones posibles y así quiero hacerlo. Todas las gentiles damas aquí presentes, me han perdonado; si los caballeros no lo hacen, entonces los caballeros no concuerdan con las damas, lo que nunca fue visto en una reunión como ésta. Una palabra más, os suplico. Si no estáis hartos de carne gorda, vuestro humilde autor continuará la historia, en la que seguirá figurando Sir John y os hará reír con la hermosa Catalina de Francia; donde, tanto como puedo saberlo, Falstaff morirá de un sudor resumido, a menos que no le hayáis ya inmolado por una injusta opinión; por que Oldcastle murió como un mártir y éste no es el mismo hombre. Mí lengua está fatigada; cuando mis piernas lo estén también, os desearé las buenas noches; así, doblo la rodilla ante vosotros, pero, a la verdad, para rogar por la reina.

FIN

Made in the USA
San Bernardino, CA
16 August 2015